EL ARTE DE AYUDAR,

SU LUZ Y SU SOMBRA

Casanovas, Claudia y Chalcoff, Felisa
    El arte de ayudar, su luz y su sombra / Claudia Casanova y Felisa
Chalcoff. Edición literaria a cargo de Luis Videla - 1ª ed.
Ciudad Autónoma de Buenos Aires: Elaleph.com, 2014.
    200 p.; 21 x 15 cm.

    ISBN 978-987-1701-71-1

    1. Relaciones interpersonales. I. Videla, Luis Pedro, ed. lit. II. Título
    CDD 158.2

© 2009, Claudia Casanovas y Felisa Chalcoff
© 2014, Elaleph.com (de Elaleph.com S.R.L.)
© 2014, Nora Gleizer, Corrección de estilo
© 2014, Luis Pedro Videla, Edición literaria
© 2014, Cristina Navarro, imagen de tapa, "El arte de ayudar"

contacto@elaleph.com
http://www.elaleph.com

Para comunicarse con las autoras: felichal@gmail.com
                                    claudia.casanovas@alice.it

Primera edición

ISBN 978-987-1701-71-1

Hecho el depósito que marca la Ley 11.723

CLAUDIA CASANOVAS Y FELISA CHALCOFF

EL ARTE DE AYUDAR,

SU LUZ Y SU SOMBRA

elaleph.com

A nuestros padres,
Cristina y Carlos, Iente y Bernardo
A nuestros hijos,
Carolina, Ariel y Laura

"El amor del maestro no es sentimental, es un amor realista, un amor que acepta la realidad del destino humano en el que ninguno de nosotros puede salvar al otro, y sin embargo, en el que no podemos dejar de hacer todos los esfuerzos por ayudar a otro a salvarse a si mismo. Cualquier amor que no conozca esta limitación y pretenda ser capaz de salvar otra alma, es un amor que no se ha desprendido de la grandiosidad y la ambición".

ERICH FROMM
Psicoanalisis y Budismo Zen

Índice temático

cuerpo-psiquis en el acto de dar-recibir con un ejercicio sobre la respiración.

√ En el **capítulo 7** encaramos con más profundidad el vínculo entre quien ayuda, "el ayudador" y quien recibe la ayuda, "el ayudado".

√ En el **capítulo 8** nos ocupamos especialmente del lugar de quien recibe la ayuda, sus posibles interferencias, y las condiciones deseables para poder tomar la ayuda.

√ En el **capítulo 9** nos abocamos especialmente al ayudador y su sombra, y a las acciones de ayuda contaminadas por sus interferencias.

√ En el **capítulo 10** abordamos las cualidades que cultiva y desarrolla el ayudador en su camino evolutivo.

√ En el **capítulo 11** reflexionamos sobre la posible evolución de la consciencia de quien pide y recibe la ayuda.

√ En las **notas finales** relatamos el proceso de escritura de este libro y su relación con la ayuda.

Prólogo

A lo largo de nuestras vidas hemos comprobado que aquello que más contribuyó con nuestro crecimiento interior y más nos abrió caminos para expresar nuestro Ser en el mundo, ha sido el acto de ayudar, en uno o en el otro lugar de la relación de ayuda, dándola o recibiéndola.

La ayuda atraviesa toda nuestra existencia, como cuando tomamos el conocimiento que nos transmite una persona más sabia, cuando nos lanzamos para sostener a un anciano que resbala en la calle o cuando seguimos con ternura, y sin interferir, a un niño que da sus primeros pasos.

Estas páginas tratan del arte de ayudar, su luz y su sombra. Aspiramos a una manera de ayudar que nos conduzca al reencuentro con nuestra simplicidad esencial; que al brindar ayuda, ésta fluya con naturalidad, sin pretensiones; y cuyo último componente, irreducible, sea el amor y el consecuente deseo de aliviar el sufrimiento, de otro ser humano, de una planta, de nuestro corazón.

La amistad y el arte de ayudar

Nos conocimos en el año 79 en una clase de movimiento de Río Abierto[1], con veintiocho y treinta y cinco años, una de nosotras Graduada en Bellas Artes, la otra

[1] Instituto de Técnicas Psicocorporales para el Desarrollo Humano

Licenciada en Psicología. Empezó allí una amistad que nunca se interrumpió, a pesar de que sólo durante cuatro años vivimos cerca y muy unidas. Luego nos separó la vida y el océano: una se fue a vivir a Italia y la otra se quedó en Argentina.

Esos poquitos años de convivencia diaria fueron muy importantes, para nuestra amistad y para nuestro crecimiento. Habíamos entrado en un mundo nuevo, un mundo de trabajo con el cuerpo como puerta de contacto con los niveles emocionales y espirituales; se había abierto ante nosotras el mundo de la ciencia oculta[2].

En aquel tiempo encontramos y estudiamos grandes líneas de desarrollo espiritual como la teosofía, las enseñanzas de Gurdjieff, el cristianismo esotérico, el misticismo oriental, la sabiduría de los sufíes, el budismo zen, sobre lo que conversábamos horas y horas. Tuvimos la suerte de tener mucho tiempo libre para compartir y entrar de lleno en ese camino.

Éramos muy distintas desde nuestros orígenes: una de nosotras de familia judía de bajos recursos con el estudio y la ética como valores fundamentales, y la otra, de familia católica de terratenientes venidos a menos, con el amor y la estética como ideales de vida. Las diferencias de forma nos enriquecieron y la afinidad de fondo consolidó nuestra amistad: las dos teníamos en común

[2] La denominación de "oculta" no tiene que ver básicamente con la idea de secreto, aunque en algún momento lo haya sido para alguna minoría. Lo que determina que una ciencia sea oculta es el hecho de que la fuente cognoscitiva de la que proviene ese saber, se encuentre en el misterio de la interioridad del propio ser humano; sólo al descubrirse esa fuente, al encontrarse el acceso a ella, se comienza a revelar una esfera del saber que, en última instancia, se basa en la premisa de "ser uno con todo lo existente". *Oscar Adler*

la honestidad de nuestros padres y una sed enorme de encontrar la Verdad.

Creemos que eso es lo que nos unió y nos une aún. En esa búsqueda nos abrimos la una a la otra, confesando lo inconfesable, compartiendo desde lo más bajo a lo más sublime, y también la vida cotidiana, los dolores y gozos de nuestras respectivas parejas, ilusiones y desilusiones, abandonos, encuentros y desencuentros.

Atravesamos momentos muy difíciles en nuestra amistad, situaciones límite, donde todo indicaba que se había atravesado una barrera de la cual no se podía volver atrás; y sin embargo, volvimos siempre a recuperar y tejer nuestra relación con nueva confianza y honestidad.

Eso permitió que cuando nos separamos en el plano físico, la relación continuara por casettes, cartas, y encuentros esporádicos. Luego vinieron los emails, el chat y llamadas telefónicas. El hecho es que tuvimos la voluntad de seguir juntas como amigas y eso sucedió. O eso sucedió y creemos que fue nuestra voluntad personal la que lo hizo suceder.

Pasaron así veintiséis años y hoy estamos aquí escribiendo juntas este texto, una en Argentina, la otra en Italia.

En estos años hemos continuado nuestra formación y acrecentado nuestra experiencia profesional y espiritual por caminos diferentes[3], hemos ampliado nuestra mira-

---

[3] CLAUDIA CASANOVAS es egresada de la Academia Superior de Bellas Artes, Buenos Aires 1974. Desde 1982 es directora de Río Abierto Italia, que ha fundado junto a Vincenzo Rossi y Clotilde Robustelli, hoy extendido a más de cincuenta ciudades italianas y con más de cien instructores trabajando bajo su dirección. Forma parte de la Dirección del "Centro Ermes", una sede para la vida comunitaria y el trabajo residencial de Río Abierto en Italia, cerca de

da, hemos desarrollado una manera personal de encarar el trabajo interno y con los otros. Y sin embargo siempre coincidimos en lo esencial. Al principio nos sorprendía esta afinidad más allá del tiempo y del espacio y de los diferentes estudios, maestros, caminos. Luego lo tomamos como natural: no había nada de qué sorprenderse.

¿Por qué hablamos de nuestra amistad aquí? ¿Qué relación tiene ello con el arte de ayudar que trataremos de desplegar en unas cuantas páginas? En ellas hablaremos más de la ayuda profesional y de lo que hemos aprendido en los muchos años de trabajo con la gente, en grupos e individualmente. Pero hay algo de la vida personal y de haber aprendido a dar y recibir en una relación gratuita, movida por afinidad electiva como es la amistad, que sirve de base a toda ayuda sucesiva.

Es como decir que no se puede ayudar profesionalmente, o en situaciones de mayor desapego afectivo, si no se ha aprendido a ayudarse entre pares, desinteresadamente, por gusto, por amor a la ayuda misma, por el descubrimiento de que esta ayuda da sentido a las relaciones y es lo más interesante, creativo, espiritual, que se puede vivir. Amar el ayudar y el ser ayudado es algo que se desarrolla entre pares, entre amigos, desde niños, y que puede durar toda la vida.

Asís. Dicta cursos y talleres en distintas partes del mundo, dirigidos a profesionales en el área de la Educación, el Arte y la Salud.
FELISA CHALCOFF es Licenciada en Psicología (UBA 1968). Actualmente participa del Programa de Salud Mental Barrial del Hospital Pirovano, forma parte del Comité de Conducción y coordina a coordinadores. Focaliza encuentros de Danzas Sagradas Circulares y Danzas de Paz Universal y coordina Grupos de Formación de animadores de las mismas; Dicta las Cátedras de "Dinámica de Grupos" y "Coordinación de Grupos" en el Instituto Terciario Río Abierto; es Docente y Terapeuta de Constelaciones Familiares; Brinda Atención Psicoterapéutica individual, grupal y a parejas.

Invitamos en este momento al lector que está empezando a leer estas líneas, a recordar esos amigos de la infancia, de la adolescencia, que lo acompañaron ayudándolo mientras se ayudaban a sí mismos. Ese gusto esencial de estar juntos, de oír al otro y hacer propio el problema que el otro nos cuenta, de defender al amigo en cualquier momento incluso de manera ciega, es una base tierna para aprender el arte de amar y de acompañar al otro en los desafíos que la vida nos depara y nos seguirá deparando.

Deberíamos siempre honrar a aquellos amigos con los cuales nos iniciamos en este arte, sin saberlo, caminando paritariamente, aprendiendo juntos, errando juntos, acertando juntos. Ese interés sincero por el otro, esa alianza afectiva y ese gozo de relacionarse humanamente aun en la adversidad, estará presente en todas las relaciones de ayuda que estableceremos en nuestras vidas.

EL DOLOR Y EL ARTE DE AYUDAR

Hasta aquí, al hablar de la amistad y de las relaciones amorosas, hemos hablado del lado agradable de la vida, del amor y la compañía; y lo hemos citado como una condición necesaria para aprender a ayudar con gozo y sin peso, sin vivirlo como un sacrificio doloroso. Sin embargo, hay otro factor que nos impulsa y motiva la vocación de ayudar, y es el sufrimiento.

Quien no ha sufrido, no puede tampoco ayudar al otro. Y como todos hemos sufrido, todos podríamos ayudar. Es nuestra experiencia de dolor la que nos hace resonar con el dolor ajeno. Y aquí, en este trabajo, nos referiremos especialmente al sufrimiento en el nivel psicológico, emotivo y mental.

Tenemos que haber sufrido para poder comprender el sufrimiento del otro, pero haber sufrido no es suficiente. Tenemos que haber sabido encontrar qué hacer con ese sufrimiento, para poder saber qué hacer, o no hacer, con el sufrimiento del otro.

Y qué es lo que podemos hacer o debemos no hacer, será parte del tema que desarrollaremos en el texto que sigue, de manera práctica; pero como anticipo podemos decir que si hay algo que hacer con el sufrimiento es aceptarlo, comprenderlo, mirar su causa, sus efectos, su función, y trascenderlo. Nos acercamos así a la posición budista respecto del sufrimiento, que no desarrollaremos aquí pues todos los sermones del Buda lo hacen inmejorablemente; pero remitimos al lector a profundizar sobre el tema leyendo o estudiando esos textos sagrados.

Aceptar el sufrimiento como parte de la vida no es fácil, así como no nos es fácil aceptar el gozo que ella implica. En síntesis, ¡no nos es fácil aceptar! Cualquiera que desee comprender el arte de ayudar se enfrenta al desafío de aprender a aceptar, que no es resignarse, y comprender a fondo la diferencia. Aceptar es reconocer que la cosa es así, ver su realidad, su contundencia, sin juzgarla con parámetros de bien y mal. Y seguir adelante. Todos éstos serán temas que trataremos luego y que van creando la trama donde el arte de ayudar puede florecer.

La idea de escribir este libro nació de un taller que nos habíamos propuesto co-coordinar y que por motivos varios no se realizó. Hasta ese momento nos habíamos ayudado y aportado en nuestras respectivas vidas y trabajos; esa vez nos propusimos trasmitir juntas nuestras comprensiones en un trabajo que denominamos "el arte de ayudar". La idea de plasmar nuestras elaboraciones por escrito nació gracias a aquel desencanto del taller fallido, que profundizó nuestro deseo de continuar la elaboración, ahora nuevamente a la distancia.

Guía práctica para la lectura de este libro

El libro comienza con la presentación de nuestra concepción de la ayuda y va desarrollando los temas gradualmente, presentando también guías prácticas para la auto observación y nuestras reflexiones sobre cada tema. Por lo tanto, puede utilizarse justamente como taller, para lo cual te sugerimos tener un cuaderno en el que puedas ir escribiendo las observaciones que hagas. También es interesante hacer estos trabajos con un amigo, usarlo con tus "ayudados", grupos o con quien te parezca oportuno. Por supuesto que puede leerse como ensayo sobre al arte de ayudar o picotear los temas de interés. Si alguna o muchas de las cosas que decimos despierta tus resistencias o dudas, alternativas, resonancia, nos interesa mucho que nos hagas llegar tus reflexiones[4]. Nuestra aspiración es que este trabajo sea una búsqueda, y como tal, no pretende conclusiones dogmáticas sino una apertura de visión.

Queremos hacer una pequeña aclaración: cuando hablamos de ejemplos personales, algunos son efectivamente de alguna de nosotras, y otros son de nuestros pacientes, amigos, conocidos, que muy bien podrían haber sido vividos por cualquiera que deseara ayudar y estuviera aprendiendo a hacerlo, así como por nosotras, y por eso los hacemos propios.

Agradecimientos

Afortunadamente coincidimos en no hacer agradecimientos puntuales, porque reconocemos que la ayuda

[4] elartedeayudar@hotmail.com

que hemos recibido ha venido de todas partes y de todos los tiempos. Sí va nuestra gratitud a todos los dolores y todos los amores que nos han nutrido, a todas las enseñanzas que hemos recibido de todos los maestros con quienes hemos trabajado y estudiado, de todos los colegas, alumnos, pacientes, padres, hijos, hermanos, amigos, de quienes hemos aprendido, y también a las muchas enseñanzas sin saber bien ni de dónde ni cuándo nos han llegado.

Introducción

Acerca del acto de ayudar

La idea de "ayuda" se encuentra presente en las más variadas tareas, relaciones y ocupaciones de nuestra vida. Ayudar a los necesitados, a los países pobres, ayudarse a sí mismo; mucho circula alrededor de la ayuda, tanto desde un punto de vista profesional u ocupacional como en la vida cotidiana. El término "ayuda" tiene tanto *rating* como el de "lucha": luchemos contra el hambre, las enfermedades, la violencia. ¿Qué relación hay entre la ayuda y la lucha? ¿Se puede ayudar luchando o la lucha ya de por sí no es ayuda? ¿Es válido luchar contra el cáncer o ayudar a una persona a que no sufra? ¿Cómo ayudo a un necesitado? ¿Quién es un "necesitado"? ¿Sé cuál es su necesidad real? ¿Cuándo es correcto "ayudar a salvar el matrimonio" y cuándo la ayuda correcta es no interferir con la disolución de ese matrimonio?

Estas preguntas y otras más, son las que nos ocupan en estas notas.

Acompañarnos

Por ahora podemos introducir que Ayudar es fundamentalmente acompañar al otro en lo que fuere que estuviera experimentando. A veces acompañar toma la forma de una pregunta oportuna, que sirve para ver con más claridad la situación, poner algo de luz en una confusión o situación crítica; otras veces, estar con el otro silenciosamente, es ayuda suficiente. Estar juntos en silencio a veces ayuda a conectar con lo que va más allá del ruido interno y externo, encontrar una paz de la cual surge, como un manantial, una respuesta nueva. A veces lo que ayuda es un comentario, un cuento o una simple actitud.

Lo que nos ofrece el otro es la posibilidad de una mirada distinta, y si tenemos suerte, una mirada que nos lleva a reflexionar sobre el problema y sobre la vida desde una perspectiva mas amplia; una actitud amistosa que nos permite soltar la crispación y abrirnos a ver con otros ojos. Éste será un tema profundizado en el **capítulo 7: Dinámica del Vínculo.**

Ayudar no siempre implica "hacer algo". O bien "hacer algo" a veces significa "no hacer nada". A veces la ayuda es aquella que renuncia a ayudar, en la acepción común de la palabra. Esta actitud se enfrenta a ciertas maneras convencionales de concebir la ayuda, la bondad, y la solidaridad.

Otra idea que intentaremos discutir es la noción de cambio. En general se considera que alguien pide ayuda para cambiar algo o cambiarse a sí mismo, y que una buena ayuda es la que tiene éxito en producir el cambio deseado. Esto lo trataremos en los **capítulos 3 y 4:** sobre el **Cambio** y el **Éxito.** Por ahora adelantemos que muchas veces se desea cambiar por ignorancia, por imitación o sugestión, y no porque sea un deseo o necesidad genuina. También ocurre que muchas veces para el ayudador es difícil soportar el destino del otro y por eso lo quiere cambiar; no porque el otro lo necesita o lo quiere, sino porque a él mismo le cuesta aceptarlo.

El otro como yo

Ayudar es un proceso en el que participan el ayudador, el ayudado, y el vínculo que se establece entre ellos. Una característica del proceso de la ayuda es que ambos miembros del vínculo –ayudador y ayudado– y el vínculo mismo, forman una unidad inseparable.

Concretamente somos seres humanos, con nuestras pequeñas o grandes desventuras, deseos, realizaciones y fracasos. Habrá quien crea que será más feliz con un auto nuevo, habrá otro que crea que lo será si alguien lo ama, o si llega a la iluminación o a la paz del nirvana; e incluso habrá quien busca su felicidad lastimando a alguien, vengándose o dañándose. El modo de la felicidad es diferente para cada uno, el anhelo de ella es igual para todos. Del mismo modo ocurre con el dolor y el sufrimiento. Puede haber diferencias acerca de qué cosas nos producen dolor y cómo lo enfrentamos, pero a la larga comprendemos que el sufrimiento es una experiencia inherente al ser humano, por la que todos pasamos, como la enfermedad, la vejez y la muerte. Este tema del dolor lo ampliaremos en el **capítulo 2.**

El otro es igual a nosotros, con los mismos dolores, anhelos, miserias, y nos necesitamos mutuamente para desarrollarnos. Comprender esto nos puede hacer sentir la hermandad, un poco más de compasión, un poco más de alegría, un poco más de ironía. A veces nos sentimos tan diferentes de los otros, tan superiores por razones culturales, o económicas o de belleza personal. O todo lo contrario, nos creemos inferiores, insípidos y sin valor alguno. Darnos cuenta de que el otro es como nosotros, ni más ni menos, deseando, probando y fracasando, puede ayudarnos a soltar un poco la importancia personal de creernos solos, o creernos más, menos o únicos.

Esto lo abordaremos específicamente en el capítulo 7: **"Dinámica del Vínculo"** y en los capítulos **8** y **9** :**"El ayudado"** y **"El ayudador"**.

Recibir activamente

Hemos recibido la vida de nuestros padres, y la hemos tomado; por eso estamos vivos. Luego hemos recibido todo lo demás: la tierra que pisamos, el aire que respiramos, el alimento con que nos nutrimos, el vestido con que nos cubrimos, el albergue que nos protege, los estudios que nos forman, los libros, el trabajo, los amigos.

Es curioso cómo muchas veces reclamamos "yo no he recibido nada".¿Quién no ha pensado alguna vez, o no ha oído a alguien decir: "a mí nadie me ayudó"? ¡Qué sinsentido! Si todo lo que tenemos lo hemos recibido. Pero justamente la vivencia de "yo no he recibido", o la de "a mí nadie me ayudó", nos indica que el acto de recibir también es una acción y requiere de una actividad intencional. Si no hay un tomar activo de aquello que se nos da, lo que se recibe cae en saco roto. Y no nace el agradecimiento. O quizás es al revés: si no hay gratitud, no puede tomarse la vida. O ambos procesos son simultáneos e interdependientes. Esto lo veremos más detenidamente en el **capítulo 6: "Dar y Recibir"**.

Unidad en la diversidad

La relación de ayuda y el amor están en una conexión indisoluble, ya que es el mismo amor el que ayuda. Este amor no es algo ajeno a nosotros sino que se encuentra en el centro mismo de nuestro ser, y produce su efecto y su acción despertando en nosotros el impulso de acompañar, solidarizarnos y resonar con el otro.

El amor se suele vivir como algo transitivo, que pasa de uno al otro, pero en realidad no lo es, es una energía que une, que integra en la consciencia a los dos polos de la experiencia. Por eso cuando amamos de verdad, amamos todo lo que se presenta ante nosotros. El Amor por definición es inclusivo, no excluye nada, abraza todo.

El amor es Consciencia de Unidad, y siempre que está presente esta consciencia, entre una madre y su hijo, entre una persona y la naturaleza, en una meditación, es el amor el que está presente, generando esta experiencia de ser uno con el otro, con la Vida, con el Todo.

Se dice que todo pecado –y pecado quiere decir error– toda enfermedad, toda disfunción, es en parte una disfunción de amor, una carencia de amor, pues toda disfunción tiene como base la idea ilusoria de separación entre las personas, entre las personas y la naturaleza, la tierra y el resto del universo, y también la separación dentro de uno mismo. Si vemos la separación y no vemos la unión, aquella unidad de toda la creación, no estamos viendo la totalidad ni la unidad en la diversidad. La cuestión es poder percibir que toda la existencia es una unidad, o sea, percibir la unidad subyacente a todas las cosas, a todos los procesos y circunstancias, y al mismo tiempo, discriminar y percibir las diferencias. Esta idea de **unidad en la diversidad** la trataremos en casi todo el libro, fundamentalmente en **el capítulo 1: "La ayuda que ayuda"**, el **capítulo 5: "Las motivaciones de la Ayuda"**, el **capítulo 7: "Dinámica del Vínculo"** y el **capítulo 11: "El camino de la Ayuda"**.

RESONANCIA

Cuando hablamos de estar con el otro estamos hablando de un fenómeno de resonancia. En realidad yo no puedo estar con el otro sino con mi propia consciencia y el impacto que se produce en ella en contacto con el otro. El otro vibra con una emoción, por ejemplo. Yo no puedo sentir "su" emoción; lo que realmente sucede es que yo percibo, en mi consciencia, algo que resuena, y creo que es el otro. Según la propia conexión interior, la persona tendrá mayor o menor capacidad de captación, de manera más o menos fiel, de aquello que el otro emite. Para que haya mayor fidelidad, es necesario que la persona haya ampliado su propia consciencia para poder incluir una amplia gama de experiencias humanas. Podrá así reconocer y catalogar una gran cantidad de vivencias internas y a través de ellas conocer al otro y al mundo externo. El nivel de profundidad y de variedad de la resonancia se traduce en las diferentes vivencias que distintas personas tienen de un mismo fenómeno, situación, y otras personas. Según el grado de captación de uno y otro, ayudado y ayudador, será la profundidad y fecundidad del vínculo.

Es sólo a través de nuestra consciencia que podemos percibir el mundo. Llegará un momento en que nuestra capacidad de resonancia se ampliará como para poder percibir el Universo, El Bien Supremo, La Belleza Eterna. Este tema lo profundizaremos en el **capítulo 11: "El camino de la ayuda"**.

AGRADECER

Así como la ayuda está indisolublemente unida al acto de amar, también lo está al sentimiento de gratitud.

Porque quien ha recibido ayuda y quien la ha dado, se ha abierto a la posibilidad de agradecer, uno al haber recibido, y el otro al haber dado, y ambos por compartir.

Agradecer todo lo bueno que hemos recibido es un primer paso. Un nivel aun más elevado de gratitud es cuando podemos agradecer los obstáculos, los sinsabores, los dolores, y no sólo las cosas que, al menos aparentemente, son fáciles de agradecer. Esto sucede cuando comprendemos que todo lo que hemos vivido, todo lo que hemos sufrido, ha sido necesario para llegar al momento actual, que todo nos ha enseñado algo, si es que hemos podido tomarlo y aprender de ello, que el sufrimiento nos ha hecho más compasivos, más humildes, que ha sido en beneficio de nuestra evolución. Esto lo trataremos en el **capítulo 2: El sufrimiento y la Vida como Escuela** y en el **capítulo 10: Cualidades del Ayudador**.

Unanimidad

Consideramos que la ayuda que realmente ayuda apunta a la **ampliación de la consciencia**. Si el que ayuda tiene esta consciencia de unidad de toda la humanidad y de la humanidad con la naturaleza, puede colaborar con el otro para que encuentre su particular forma, sin dejar de percibirse parte de la Unidad total. Es decir, aprender a decir **sí** a la unanimidad y **no** a la uniformidad. Cuando la consciencia es adolescente, vive como los adolescentes, que necesitan uniformarse para reconocer la unidad: todos se visten de la misma manera, hablan de la misma manera, se reconocen en la misma forma de ser, de pensar, de entender la vida. Cuando la consciencia crece, comienza a aceptar las diferencias como riqueza: tu manera de vestir o de hablar distinta de la mía, me divierte. Tu manera de pensar me abre la mente, no me amenaza. Cuando maduramos podemos reconocer las diferencias entre los seres humanos como parte de la maravilla de la creación, así como las diferencias y la riqueza en los otros reinos, vegetal, animal, mineral. Y podemos comprender que es natural que todos seamos distintos, y pese a ello reconocernos en una unidad de base: la esencia de la existencia. El amor, como decíamos, es la consciencia de esta unidad de base, y gracias a esta consciencia podemos aceptar las diferencias con gusto, con entusiasmo incluso.

La ayuda que realmente ayuda está al servicio de la **reconciliación, de la unidad, de la paz**. La paz de la que hablamos no excluye la lucha. ¿Puede ello ser posible? Quizás si imagináramos a dos contendientes en una sesión de aikido u otro arte marcial, podremos acercarnos a esta idea. La lucha es esencial en la vida, y no tiene por qué incluir odio. A veces es preciso ayudar a que el otro aprenda a luchar por sus ideales, a favor de lo que siente y considera correcto.

La verdadera ayuda nos enseña a **reconocer lo que es**, a integrar las aparentes contradicciones en una unidad que las engloba, a incluir y no excluir, a ser actores y autores, a hacernos cargo de lo que nos corresponde.

La concepción filosófica subyacente en este libro la presentaremos en el próximo **capítulo 1: "La Ayuda que Ayuda"**.

Capítulo 1

La ayuda que ayuda

> *Conócete a ti mismo*
> Oráculo de Delfos

> *Condúceme de lo irreal a lo real,*
> *de la oscuridad a la luz,*
> *de la muerte a la inmortalidad.*
> Upanishads

En este capítulo intentaremos dar cuenta de la filosofía que nos inspira esta manera de concebir la ayuda. Se trata de una aspiración a vivir *expresando* nuestras cualidades esenciales, a estar *presentes* en nuestra vida, a conectarnos con el *Ser que Somos*.

A esta aspiración apuntamos cuando hablamos de una buena ayuda. Es el plano hacia el cual queremos que nuestra ayuda tienda, tanto la que damos como la que recibimos. Partimos de esta proposición pensando que así como nos ha inspirado a nosotras, pueda inspirar a muchos más.

Expresar el potencial

Diversas enseñanzas proponen que el ser humano está constituido por un núcleo central –su parte **esencial**– que ha sido llamado Alma, Yo profundo, Si Mismo. Este núcleo contiene en potencia y es la fuente de todo lo que el ser humano irá expresando en su vida. Es nuestra **Esencia.**

Muchos han tratado de describir esta esencia. Estas descripciones siempre son aproximativas: "un dedo que señala la luna, pero no la luna misma". Nos pueden ser útiles para ayudarnos a intuir la presencia de nuestra esencia, a percibir que siempre está ahí, que no tenemos que construirla sino re-conocerla, porque **es lo que somos** profundamente.

Una de esas descripciones señala las tres cualidades básicas que tiene la vida en cualquiera de sus manifestaciones: **inteligencia, afectividad, y energía**[5]; *sat-chit-ananda* –realidad, consciencia, beatitud– para la filosofía oriental. Cada ser humano estaría conformado por estas tres energías o cualidades, tanto en el nivel físico como en el nivel psíquico y espiritual. Ésta sería nuestra esencia: tres distintos focos de nuestro ser, que en realidad forman una unidad, y que para comprenderlos mejor, vamos a explicarlos separadamente.

De nuestro foco de **afectividad** proviene toda la capacidad de sentir: empatía, alegría, compasión, también la consciencia de belleza y sobre todo la consciencia de Unidad de la Vida. Es gracias al aspecto *amor* que se percibe la unidad esencial que existe detrás de la multiplicidad de formas, objetos, seres; percibir la unidad del reino vegetal, por ejemplo, o la unidad de todos los seres humanos

---

[5] "Ser", Antonio Blay: Curso de Psicología de la Autorrealización. Editorial Indigo. 1992

e incluso la unidad de toda la Tierra. Esta percepción de Unidad es lo que calma esa angustia de separación, de aislamiento, sentimiento que experimentamos, justamente, cuando vivimos lejos de nuestra Esencia.

De nuestro foco **inteligencia** provienen todos los procesos del pensar, analizar, comprender. Es una expresión de nuestra inteligencia todo lo que tiene que ver con el conocimiento, con poder observar y procesar datos, descubrir relaciones entre las cosas, el *insight* y la intuición. El contacto con este aspecto de nuestra esencia despierta y calma esa sed de saber quiénes somos profundamente, el por qué de la vida, el sentido de la existencia.

De nuestro foco de **energía** provienen todos los procesos relativos a la fuerza, la constancia, la seguridad, la vitalidad y también la solidez y estabilidad. El contacto con este aspecto de nuestra esencia, calma esa sensación de inseguridad e impotencia, de ser como "una hoja al viento".

Vemos entonces al ser humano como un eje con tres cualidades básicas que conforman su potencial esencial y se expresan en cada acto de su vida. Es algo con lo que todos nacemos y estamos invitados a desarrollar y expresar. Esta esencia no cambia, es siempre la misma, es potencial infinito que tiene como destino crear la vida concreta y expresarse en ella.

La expresión concreta de estas cualidades y su desarrollo va constituyendo nuestra manera de ser y de estar en el mundo: vivimos expresando nuestra esencia, lo sepamos o no. Todo lo que expresamos es parte de ella, viene de ella, es ella misma, el Sí Mismo que se va manifestando. No hay nada que nosotros podamos ser y hacer que no provenga de allí. ¿Amamos? ¿Disfrutamos al pintar un cuadro o cocinar una rica comida? Ese gozo proviene del foco de amor de nuestra esencia. ¿Comprendemos algo de nuestra vida o de la vida de una galaxia? Esa comprensión proviene del foco de inteligencia de nuestra esencia. ¿Disfrutamos cuando corremos o danzamos? Toda esa energía que estamos utilizando también proviene de nuestra esencia o yo profundo. Quizá nos preguntemos por qué el ser humano expresa tan poco de su esencia: en lugar de un amor universal –un amor pequeñito; en lugar de una comprensión amplia y profunda– una visión estrecha y limitada; y en lugar de una fuerza gozosa –una sensación de debilidad y endeblez–. Aquí aparece la noción de "falsa personalidad"[6] o "velo"[7], una máscara que recubre y oculta el yo profundo y nos hace creer que no somos lo que somos –la esencia– y que somos lo que no somos –la falsa personalidad –. Quizá el sentido de la existencia sea el de trabajar para des-ocultar lo velado y la Escuela de la Vida nos lo enseñe a través de sus experiencias, si logramos aprender de ellas. Justamente la idea que desplegaremos en este libro, es la de que **ayudar es colaborar para que las personas podamos re-conocer, desarrollar y expresar este potencial** enorme y magnífico que somos.

Podemos intuir entonces que la diferencia entre las personas no deriva de algo esencial, ya que todos estamos conformados por la misma sustancia; sino de cuánto y cómo logramos expresar esta naturaleza esencial que somos, en nuestra vida cotidiana. El desarrollo

---

[6] Nos referimos a la **personalidad** como una superestructura que recubre y encubre la esencia; y es **falsa** en tanto el individuo cree ser esa fachada mientras no conoce su verdadero Ser. Un trabajo interno de auto-observación puede conducir a esta comprensión. Tomamos este concepto de las enseñanzas de Gurdjieff.

[7] Los sufís llaman "**velo**" a lo que los hindúes denominan "maya": la ilusión de las apariencias que enmascaran la realidad.

de las cualidades no está garantizado por el paso del tiempo. Sólo si la persona va madurando –madurando, y no meramente envejeciendo– este potencial podrá ser trasparentado cada vez más y mejor. Evolucionar o desarrollarnos significa entonces, poder individualizarnos y manifestar aspectos cada vez más ricos, sutiles y luminosos: una inteligencia más luminosa, clara y despierta; un amor más inclusivo y abierto; una energía más constante y sólida.

Luego veremos que aquellas características comúnmente llamadas "negativas" no son otra cosa que el insuficiente o deficitario desarrollo de las cualidades básicas, y que, una buena ayuda consiste en estimular el reconocimiento y desarrollo del potencial, en lugar de combatir, reprimir o castigar los errores. Como dice el I Ching, "La mejor manera de combatir el mal es un enérgico progreso en el sentido del bien".

La presencia

Cuando vamos expresando nuestro potencial crecemos, no sólo objetivamente en el sentido de tener más habilidades, sino también subjetivamente, en cuanto a ser más conscientes de nosotros mismos. Expresar nuestro potencial de manera creativa nos va haciendo descubrir que *somos*, que existimos; y así vamos registrando un sentido interior de presencia. Inicialmente este sentido de presencia es fluctuante e inestable. Pero luego de un tiempo de trabajo interior dirigido al despertar de esta consciencia, iremos sintiéndonos más centrados en nuestra esencia, descubriendo y viviendo un estado de paz y libertad más esencial, más profundo, sintiendo que no dependemos totalmente de lo contingente de las situaciones concretas. Podremos vivir situaciones desagradables o dolorosas y sin embargo lo haremos bajo un marco de aceptación y entereza, como veremos más profundamente en el próximo capítulo acerca del sufrimiento.

Llega un momento en el cual estar **presentes** se vuelve un objetivo primordial en nuestra vida. Esta consciencia de ser y existir es lo que ha sido llamado por Gurdjieff[8] *Recuerdo de Si*, un término que describe exactamente la experiencia: estamos presentes, sin olvido ni ausencia. Recordamos quiénes somos, nuestro Ser Esencial. También ha sido llamado *El Testigo*. En realidad, es simplemente la capacidad de estar aquí y ahora, despiertos, lúcidos, completos.

El siguiente relato alude a la diferencia entre vivir con Presencia, y existir sin esta consciencia de Ser.

Un forastero llega a un pueblo y al visitar su cementerio le llaman la atención las placas: "...vivió 3 años, y 10 meses", "...vivió 4 años y 3 días", "...vivió 2 años, 3 meses y 14 días". Observa que todas las tumbas tienen tiempos similares. Le embarga una profunda compasión por la pérdida de tantas vidas tan jóvenes y le pregunta al cuidador, una persona anciana con larga barba: "¿Qué ha pasado aquí, qué desgracia ha ocurrido que tantos niños han muerto?" Y el anciano le responde: "No, ningún niño; aquí todos somos longevos; lo que sucede es que tenemos una costumbre: al nacer, se nos entrega un cuaderno en el cual vamos anotando los momentos en que verdaderamente hemos estado Presentes en nuestra vida, porque sólo eso es vida, cuando estamos Presentes; y en la lápida se anota el tiempo que realmente vivió cada persona".

[8] GURDJIEFF: pensador del siglo XX que trajo enseñanzas esotéricas de Oriente y las hizo accesibles a Occidente a través de su trabajo con grupos y de sus escritos.

Cuando vivimos **presentes,** somos un testigo que observa todo lo que nos sucede y lo que hacemos: nuestras emociones, pensamientos, sensaciones, nuestros actos, sin estar totalmente "capturados" por ellos. Somos ese testigo que observa. No somos lo que observamos; somos quien lo observa. No somos esa emoción; somos quien la experimenta. No somos nuestras ideas; somos aquél a través de quien esas ideas se manifiestan.

Nuestra visión respecto de la ayuda es que **lo que realmente ayuda es aquello que nos acerca a reconocer y expresar nuestro potencial de amor, inteligencia y energía; y a estar cada vez más presentes y plenos.**

Lo universal

Las Enseñanzas también nos dicen que esta esencia individual que somos y expresamos concretamente en nuestra vida, es "hija" de algo mayor, de algo Universal; que la inteligencia que somos y expresamos tiene su origen en una Mente Universal de la cual nuestra mente personal forma parte; que el amor que somos y expresamos es parte de un Amor Universal, y que la energía que somos y expresamos también proviene de un Poder Universal.

Esta Mente, este Amor y este Poder es lo que somos en el nivel universal de nuestro Ser.

Para la mayoría de nosotros es difícil reconocernos en estos niveles universales; sin embargo es posible experimentarlos *aquí y ahora*. Es posible conectar con estos niveles y sentir un gozo infinito, en el nivel Amor; una consciencia de Verdad Absoluta en el nivel de la Mente y una consciencia de Poder Impersonal en el nivel de la Energía.

Lo estamos mencionando aquí, pues la ayuda que proponemos se dirige al desarrollo completo como seres humanos, y este desarrollo incluirá, de alguna manera, el intento de contacto y la conexión con estos niveles.

Ayuda, por lo tanto, todo aquello que nos acerque a esa búsqueda del contacto con lo Universal; a que nos reconozcamos en aquello que incluye y va más allá de nuestra individualidad.

En síntesis, la verdadera ayuda es la que, por un lado, tiende a que la persona desarrolle la capacidad de expresar su potencial, y por otro, íntimamente relacionado con el primero, promueve el despertar de su Presencia y la posibilidad de realizar la aspiración de percibirse uno con el Todo. En otras palabras, **la ayuda que realmente ayuda es aquella que colabora con nuestro completo desarrollo como seres humanos.**

Capítulo 2

El sufrimiento y la vida como escuela.

Cuando alguien pide ayuda es porque por alguna razón está sufriendo, de alguna manera, en algún plano, y no sabe qué hacer con ello.

Entonces,¿Cómo ayudar a quien está sufriendo? Lo que haremos en este capítulo es presentar algunas ideas acerca del dolor y el sufrimiento[9] que puedan orientarnos en la reflexión sobre el arte del ayudar.

Desde el principio de nuestra existencia nos encontramos con el dolor. Ya está presente en el acto de nacer-pasar por un estrecho canal y perder la vivencia oceánica de total protección y abastecimiento. Luego, toda nuestra vida está mechada con momentos de dolor, ya sea físico, emocional o mental, dolor propio y dolor de ver sufrir a nuestros semejantes. Tememos la vejez y el dolor de la decadencia, perder a los seres que amamos, y acercarnos a la propia muerte.

En las diferentes etapas de la vida varía lo que causa el dolor, pero la vivencia del dolor prácticamente

---

[9] Tomamos *dolor* y *sufrimiento* como equivalentes, si bien hay autores que los diferencian.

siempre nos acompaña, en un plano u otro, nos demos cuenta o no. El dolor puede tener diferentes matices, según la herida que lo provoca y según la persona. La respuesta de cada persona a un dolor también puede variar según su umbral, su sensibilidad, su susceptibilidad, su historia personal y su comprensión. El objetivo hacia el cual dirigimos nuestra ayuda es justamente profundizar la comprensión y actuar en correspondencia con ello.

La gama de hechos por los cuales sufrimos es amplia y diversa. Puede ir desde una enfermedad muy grave propia o de un ser querido, un examen reprobado que me hace sentir incapaz, un sentimiento de culpa por haber internado a mis padres en un geriátrico, una mascota herida que no tiene cura. En general, el sufrimiento tiene que ver con una pérdida, que puede ser de un amigo, una posesión, una parte del cuerpo, o incluso una ilusión y una imagen de sí mismo.

¿Qué tienen en común todos estos sufrimientos? Que lo que sucede no se corresponde con lo que creemos que está bien, que debe ser, que es la felicidad. Básicamente, sufrimos cuando ocurre algo que no nos gusta, no lo esperábamos y/o lo rechazamos.

A veces evaluamos el sufrimiento del otro en base a nuestra escala de valores y consideramos, por ejemplo, que sufrir por una mascota tiene menos importancia que sufrir por una enfermedad. Sin embargo nadie puede juzgar cuán grande o cuán pequeño es un dolor, hasta dónde mueve los cimientos de una persona y hasta dónde puede ser, y es, insoportable. Un adolescente puede suicidarse y el motivo que aduce es "porque" obtuvo malas notas y teme la reacción de sus padres, un financista "porque" quebró su empresa, una mujer "porque" su marido la abandonó. Y por otro lado, un sobreviviente de campos de exterminio y un niño víctima de crueldades, pueden desarrollar una respuesta vital que nos sorprende por su coraje y sabiduría.

QUÉ HACEMOS CON EL SUFRIMIENTO.

Primeramente observemos nuestra actitud habitual ante el sufrimiento.

Frecuentemente, cuando aparece el dolor, tratamos de "hacer algo" con él con intención de aliviarlo. En general será tratar de quitarle intensidad y de no sentirlo tal como es. Es muy probable que tratemos de esquivarlo o suprimirlo cuanto antes.

Una modalidad es la negación[10]: no queremos oír la mala noticia y nuestras primeras palabras ante ella son "¡no, no puede ser!". Se ha dado la imagen del avestruz, que mete la cabeza dentro de la tierra ante las dificultades. Esta reacción al dolor puede tomar diversas formas, desde tomar una aspirina al primer síntoma, a distraerse con ilusiones cuando escuchamos la mala noticia: "podría tratarse de un error", " habré escuchado mal". Quizá tratemos de buscar diversiones, charlas, lecturas, comida, llegando al extremo del consumo de diversas sustancias. Se busca acallar el sentir por cualquier medio. Incluso podemos buscarnos otro dolor con el cual distraernos, más tolerable o diferente, con tal de no sentir aquél, y que de todos modos estará presente.

Otro camino para no sentir el dolor es enojarnos. Desviamos la atención del dolor y lo ocultamos con la rabia y la indignación. Por ejemplo, una persona sufre

---

[10] **Negación:** mecanismo de defensa que consiste en enfrentarse a los conflictos negando su existencia o su relación o relevancia.

una separación; luego de treinta años de matrimonio, su pareja se va y forma inmediatamente una nueva pareja. El dolor profundo de esta pérdida suele ser recubierto, al menos inicialmente, con pensamientos de venganza y resentimiento: "te odio, lo que hiciste es imperdonable".

Buscar culpables es otra manera de intentar aliviar momentáneamente la percepción del dolor. Cuando ocurre un accidente fatal, por ejemplo, enseguida se buscan los culpables, como si con ello se volviera atrás, al momento anterior a la muerte. O como si encontrar al culpable nos devolviera lo perdido. Hay gente que se pasa años buscando al culpable, con la esperanza de así mitigar el dolor, como si de esa manera fuera posible un alivio real.

Así como se puede pasar la vida buscando culpables afuera, también se puede pasar la vida sintiéndonos culpables nosotros mismos, volviendo una y otra vez a preguntas estériles del tenor: ¿qué debí haber hecho que no hice?, o ¿qué no debí hacer e hice?. Juntamente con la culpa hay una sensación latente de castigo, que a su vez genera un nuevo dolor. Es que la culpa y el castigo son otras formas de desviación del sufrimiento, quizás más soportables que conectarse a fondo con el dolor.

Otra reacción al dolor es apegarnos a él. Abrazarlo como a una cruz, instalarnos en el papel de doliente, con resignación o indignación, sintiéndonos víctima y teniéndonos lástima, reclamando lástima de los otros o creyéndonos con más derechos que los demás por estar doloridos. Otra manera de apegarnos al sufrimiento es deprimirnos, dejarnos languidecer, convertir el dolor en un modo de vida, lo que constituye otra manera de "hacerse atender" por los demás, sin entrar en contacto con el verdadero dolor.

Guía para la reflexión:

Podemos revisar nuestra historia personal y observar las diversas maneras en que hemos reaccionado al dolor en los diferentes momentos de nuestra vida. Las reacciones mencionadas aquí, que probablemente todos conocemos, sólo serán una guía.

El dolor como señal

Una manera de comenzar a *integrar* al dolor en lugar de evitarlo, negarlo, enojarnos o apegarnos a él, es entenderlo como **señal** de que algo debe ser mirado o reparado.

Primeramente, se trata de **registrarlo**: está aquí. Y luego **escucharlo**, prestarle atención y encontrar una respuesta apropiada. En el caso de dolores físicos es más claro; si me duele una muela, voy al dentista; si no voy y suprimo el dolor con aspirina, por ejemplo, es muy probable que el proceso que originó ese primer dolor siga y produzca otro mal mayor. Si registro un sufrimiento por mi falta de conocimiento, me pongo a estudiar; si lo pasara por alto, seguiría ignorante y con el dolor a cuestas. Si registro que me duele que mi hijo pequeño no juegue, podré comenzar a preguntarme, por él y por mí, podré buscar maneras de comprender y acompañar: escucho este dolor y su historia. Puede ser que el dolor me lleve a una consulta con un terapeuta, una charla con un amigo o a un cambio de actitud con mi hijo.

Dialogar con el dolor me llevará a intentar miradas y/o acciones diferentes, necesarias para que lo que estuviera trabado se destrabe. Cada dolor me está señalando una encrucijada, un alto para reflexionar y reorientar mi camino. Me indica que allí, en ese lugar hay algo para hacer, un trabajo interno y una acción externa. Indagar la raíz del dolor puede ser un camino para acercarnos a comprender su función, aprender, y evitar si fuera posible, una repetición del hecho que lo generó.

El aprendizaje posible

Muchas veces el dolor llega como impacto profundo, sin que podamos comprender el por qué. Hay muchas cosas inexplicables, y según la actitud con la cual encararemos estos misterios, dependerá la profundidad de la elaboración que logremos hacer.

Cuando negamos el dolor, o buscamos culpables, o nos indignamos, lo hacemos porque asumirlo, trabajarlo, y aceptarlo, nos llevaría a un cambio interno muy profundo que no tenemos la intención de encarar. El golpe que experimentamos con el dolor, es el de la frustración de que las cosas no son como imaginábamos o como quisiéramos. Queremos que la realidad sea diferente de lo que es, que se adecue a nuestros deseos, y nos cuesta reconocer que somos nosotros los que tenemos que adecuarnos a la realidad y a la vida tal como es.

Aceptar el dolor es el primer paso para que pueda producirse una transformación interna que permita tomar lo que sucede, aprender de ello y actuar en consecuencia Ésta sería la respuesta de la que hablan todos los sabios: aceptar que lo que viene, viene y que lo que se va, se va. Esto no significa que me vaya a gustar todo lo que ocurre. Quiere decir que lo acepto. Esta aceptación da lugar a una nueva potencia, más humilde y simple, y es la que nos permite dar el próximo paso, seguir adelante, seguir viviendo, abriéndonos a la vida en vez de cerrarnos a ella, y eventualmente tomar las experiencias como plataforma para la ampliación de la consciencia y una nueva actitud frente a la vida.

El dolor es una energía que, cuando es aceptada, nos lleva a conocernos más profundamente y a soltar viejas imágenes de nosotros mismos, nos lleva a comprender al prójimo y a dinamizar recursos internos. Nos acerca a nuestra esencia, quitando velos y arribando a lo más auténtico.

En este momento remitimos al lector a su interior, a aquellos dolores que una vez atravesados y elaborados, lo condujeron a un lugar más verdadero, más real y por lo tanto, con más potencia.

Desarrollemos esta idea de la **potencia**. Cuando uno escapa de *lo que es*, como puede ser una realidad dolorosa, tratará de apoyarse en algo que *no es*, en una ilusión. Como tales, las ilusiones son endebles y finalmente se desvanecen ¿Y qué podrá hacer uno al quedarse sin la ilusión en la que se apoyó? Nada: queda sin poder, se verá impotente frente a **lo que es**.

Es frecuente esta actitud de apoyarse en esperanzas irreales, lo cual puede ser una etapa necesaria e incluso adecuada en tanto sea transitoria, hasta que la persona pueda mirar aquello que al principio le resultara demasiado doloroso descubrir. Asimismo la experiencia muestra que es imposible hacerle ver a una persona lo que no quiere ver: un profesional que niega haber cometido un error, un padre que no quiere enterarse que su hijo se droga, una familia que no acepta el suicidio de uno de sus miembros y lo llama "accidente".

Son ejemplos de lo que llamamos "apoyos falsos". Son apoyos que nos obligan a alimentarlos y reforzarlos permanentemente para que no caigan, cosa que tarde o temprano de todos modos sucede. Por el contrario, si nos apoyamos en **lo que es,** por duro que ello sea, eso mismo nos brindará la seguridad y la fortaleza para seguir adelante.

La siguiente cuestión será determinar cuándo es el momento propicio para poner en evidencia los apoyos falsos a nuestros respectivos ayudados, y cuándo podremos desprendernos de los propios. Esto también forma parte del **arte de ayudar,** y lo retomaremos cuando tratemos el tema del *timing*.

Cómo ayudar al que sufre.

Cuando se acompaña a alguien que está sufriendo, y la intención es ayudarlo, se pone en juego la concepción filosófica de cada uno, ayudador y ayudado, con respecto al sentido del dolor, de la vida y del trabajo interno. Es por eso que en el primer capítulo hemos presentado nuestra visión general y que ahora especificaremos con respecto al tema del sufrimiento.

Una premisa para poder acompañar al que sufre es **resonar con su dolor.** Y con esa resonancia, poder inferir las conexiones más profundas junto con la persona que lo está padeciendo: el por qué de ese dolor, dónde se origina y a qué aspectos de su vida remite. Puede aparecer como un dolor "menor", pero si es vivido con mucha intensidad nos permitirá descubrir que algo fundamental se está moviendo en la persona que lo experimenta.

Cuando hablamos de ayudar al que sufre, generalmente hablamos de acompañar **un proceso de duelo.** En estos casos, cabe preguntarse en qué etapa del duelo nos encontramos. Si es muy al inicio, será un tipo de trabajo específico para tal etapa. En cambio, si estamos enredados con lo que causó el sufrimiento desde hace tiempo y sin poder salir del enojo o la tristeza, será otra la intervención adecuada. También habrá diferencias si se está tratando con un niño, un adulto, un anciano. En cada circunstancia será necesaria una respuesta distinta y en sintonía con el momento interior del ayudado. Así, la acción de ayuda puede centrarse en **aliviar el sufrimiento:** consolar o calmar una herida sin ir a las causas profundas, o trabajar en dirección de la **toma de consciencia**. Incluso habrá situaciones en que pueda aliviarse el dolor y progresiva o simultáneamente, ir hacia lo que consideramos esencial: el crecimiento en consciencia.

¿Aliviar el sufrimiento?

Cuando se está sufriendo, hay un momento en el cual no hay posibilidad de elaboración. Simbólicamente se ha hablado de ser atravesado por una flecha. Nadie podría en ese momento estar interesado en averiguar quién lanzó la flecha, de qué material está hecha, o por qué alguien la disparó. Primero deberíamos intentar quitar la flecha, restañar la herida y luego podríamos analizar las características del ataque e investigar las causas y otros detalles.

Algo similar sucede con el dolor moral y psicológico. Suele haber una etapa en que la persona necesita recuperar fuerzas, sentirse reconfortado, comprendido y sostenido. No es ése el momento de intentar que tome consciencia de su responsabilidad, o que responda con eficiencia y claridad. Este simple aliviar el dolor con una actitud de cercanía amorosa, de cuidado físico y psíquico tiene un valor incalculable en algunos momentos. Es fortalecedor. En otro marco, o en otras circunstancias, cuidar, mitigar el dolor, consolar, tiene el efecto contrario: debilita, la persona se adormece, se escuda en su dolor y evita dar el paso siguiente. Una persona muy "consolada" no sigue caminando y se achica en vez de crecer. En estos casos, aliviar el sufrimiento le quita al mismo lo que tiene de potente: ese poder transformador del cual estamos hablando y que brinda sus mejores cualidades cuando el sufrimiento es escuchado, se le hace lugar en la vida y se es consciente de su presencia.

El trabajo en consciencia

Es interesante comprobar cómo la toma de consciencia también alivia el sufrimiento, de una manera totalmente distinta a la del cuidado y la protección.

Trabajar para la toma de consciencia requiere desarrollar una función fundamental, una capacidad exclusivamente humana: la de ser **testigo de la propia existencia**. Gracias a esta función de observación de lo que nos ocurre, podemos mirar el sufrimiento y darnos cuenta de que el sufrimiento es una cosa y yo, **el sujeto testigo** que lo está observando, otra. La toma de consciencia no apunta a suprimir el dolor; seguiré sintiendo el dolor y al mismo tiempo estaré percibiendo que hay alguien –yo mismo– que contempla lo que sucede. Se trata de un testigo que no siente el dolor, simplemente lo observa. Como dice Jean Klein[11]: *Eres el testigo de todo cambio, y ese testigo no cambia*". Y nosotras agregamos: tampoco sufre.

La idea que estamos tratando de trasmitir es que para que haya una elaboración del dolor tenemos que tener consciencia de él y también consciencia de nosotros mismos como algo distinto de él. Si comprendemos esto, sabremos que no somos el sufrimiento aunque lo sintamos intensamente.

[11] La Sencillez del Ser, ed. Obelisco España.

Esto que parece tan evidente, no lo es en la práctica. En la práctica, cuando sufrimos, el sufrimiento nos invade y no queda "nadie" ni nada fuera de ello. Esto es lo que se denomina identificación[12]. Identificación es quedarse absorbido por el objeto de la atención, en este caso el sufrimiento. Se llama 'identificación' –palabra cuya raíz es la misma que la de "identidad"– porque nos hace perder nuestra verdadera identidad, confundiéndonos con el objeto con el cual estamos identificados. Nos desidentificamos al darnos cuenta de que no somos ese sufrimiento, cuando comprendemos que *yo no soy el dolor; tengo dolor, pero no lo soy.*

En el fondo, todo este libro trata de ello, de cómo hacer un **trabajo que nos permita desidentificarnos de lo que no somos y ser lo que somos, conscientemente;** utilizar el dolor a favor del desarrollo, en vez de quedar atrapados en él.

Es así como **el trabajo interior relacionado con el sufrimiento es un medio para adquirir sabiduría.** Esto

[12] El concepto de **Identificación** que usamos aquí no corresponde a la definición de **identificación** freudiana o kleiniana, sino que es una idea que proviene de varias escuelas, entre ellas la del Cuarto Camino, que describe la actitud de quedarse absorbido por el objeto de la atención (identificación). Estamos "identificados" cuando nos confundimos con algo que no somos. Por ejemplo, uno se enoja, y el enojo lo invade totalmente, deja de ser un sujeto que se enoja para pasar a ser un enojo sin sujeto. Otro ejemplo habitual es creerse que uno es la profesión o la ocupación que tiene. O el rol de madre, o ayudador. Se llama 'Identificación', porque nos hace perder nuestra verdadera Identidad, confundiéndonos con el objeto con el cual estamos identificados. **Desidentificarse** es la operación psíquica que hacemos cuando observamos el estado de identificación y nos damos cuenta de que no somos ese sentimiento, ese pensamiento, ese rol en la vida, y nos reencontramos con nuestra verdadera identidad.

implica que no siempre será el alivio inmediato del sufrimiento la vía que nos llevará al conocimiento. Tampoco es con apego al sufrimiento como llegaremos más cerca de nuestra esencia. Como siempre, la verdad está en el **camino del medio,** ni apego ni rechazo, sólo **aceptación.** Así, el reconocimiento de lo que es y cómo nos afecta, la elaboración profunda de nuestra experiencia humana, nos llevará a ser, gradualmente, seres más despiertos[13] y más completos.

LA VIDA COMO ESCUELA

Ayudar y ayudarse en el dolor, es comprender el sentido de las experiencias desagradables que a cada uno le toca vivir, y aprender de ellas; es lograr ver que en cada situación hay una lección de vida, un aprendizaje posible y es, también, hacer algo útil con ese dolor. Lo mismo sucede con las experiencias gozosas, aquellas que nos hacen tocar y expresar nuestra esencia. Generalmente no es en esos momentos cuando pedimos ayuda y por eso no las abordamos en este capítulo, pero queremos señalar que es también en la asimilación y digestión de estas experiencias gozosas que vamos conociendo y descubriendo el sentido de la existencia.

Nuestras experiencias, si aprendemos de ellas, son las que nos enseñan más que nada, más que ningún libro, ninguna terapia. La vida misma se convierte en Maestra, y es su sabiduría la que nos acompaña a cada paso.

[13] **Dormido-despierto**: concepto desarrollado por diversas escuelas de conocimiento de todos los tiempos, que alude a la condición del hombre en estado de vigilia –considerado despierto– pero que no lo está mientras piensa, siente y actúa mecánicamente. A este estado se lo denomina "dormido", asimilándolo al sueño nocturno, mientras que se reserva el concepto de "despierto" para quien es consciente de sí mismo, y está presente.

Aprender a aceptar la vida tal como es, a decodificar sus señales, a leer sus mensajes sutiles y casi ocultos, es un arte que tiene que ver con la ayuda.

La vida como maestra nos habla de aprender directamente de Ella y de que es la vida misma la que nos trae toda la información que necesitamos para comprender y desplegarnos.

Guía para la reflexión

Cuando el dolor aparece, puede darnos una oportunidad de aprendizaje y despertar ciertas capacidades adormecidas. ¿Reconoces esta experiencia a partir de situaciones de dolor que hayas vivido?

Captar el aprendizaje de una experiencia *in situ* no es fácil, sobre todo si es dolorosa. Es luego de un tiempo y de una elaboración interna de la misma que logramos incorporar su enseñanza. En este sentido es posible que todos estemos elaborando antiguos dolores aun sin saberlo, incluso muchos años después de ocurridos. Quizás haya algunos sufrimientos de los que aún no comprendas su razón ni su utilidad. ¿Puedes confiar en que más adelante la vida te proporcionará oportunidades para su comprensión?

¿Sientes que puedes ayudar a otros a comprender su vida desde esta perspectiva?

La reparación

Otra gran oportunidad de elaborar el dolor que se nos presenta en la vida, si estamos abiertos y disponibles, es la de **reparar**. A veces nos encontramos frente a frente con situaciones en las cuales podemos hacer algo para reparar el sufrimiento que causamos, el error, la acción inoportuna. Esta reparación puede darse en el mismo ámbito en que había sido causada la herida, y entonces podrán reconciliarse un padre con su hijo, o hermano con hermano. En otras ocasiones, por los más variados motivos, es imposible reparar a aquellos que hemos herido o con quienes nos sentimos en deuda. Es entonces que la vida, con su maestría, nos ofrece oportunidades para reparar de otra manera, en una situación similar o que evoca la anterior, y nos permite saldar cuentas interiormente. La siguiente historia nos ilustra acerca de esta posibilidad:

En una de sus misiones, Hércules[14], por instrucción de su maestro espiritual, debe quitarle el cinto guerrero a la reina de las Amazonas. Cuando se enfrenta con ella para cumplir con su objetivo, la reina, accidentalmente, cae y muere. Hércules quería hacer un bien y en cambio ocasionó una muerte. Percibe que las consecuencias de ese acto suyo –aunque involuntario y repudiado por él mismo– son horrorosas. Desesperado, camina por la costa cuando ve que un monstruo marino devora a una joven. Instantáneamente se lanza a salvarla, cosa que logra luego de hacerse tragar por el monstruo y abrir su vientre desde dentro. Cuando llega a la costa con la muchacha, vuelve a oír la voz de su Maestro que le dice: "Una vida has quitado, una vida has salvado. Tu próxima misión será…"

Cuando hemos reparado, nuestra consciencia queda libre para seguir caminando.
Reflexión:
¿Recuerdas experiencias donde hayas podido reparar el dolor? ¿Puedes detectar algo que actualmente deseas reparar?

[14] "Los Trabajos de Hércules", Alice Bailey, Ed. Kier.

Quien en algún momento se coloque en un proceso de ayuda recíproca, en uno u otro de los lugares –ayudado o ayudador– verá que su fluir durante la experiencia de la ayuda dependerá en gran medida de la capacidad de comprender el proceso del sufrimiento humano y la posibilidad de verlo encuadrado en el gran marco de la vida. Encuadrado así, el dolor tiene un lugar fundamental en el despertar de la consciencia, en *realizar* qué y quiénes somos, qué está en nuestras manos y qué no, y en acceder a la potencia del amor y la sabiduría.

El tema del dolor humano, como hemos dicho al inicio de estas reflexiones, es de una profundidad insondable. Nos acercaremos a él de distintas maneras a través de este libro, encarando las diferentes vicisitudes que atraviesan ayudados y ayudadores en el proceso de la ayuda, describiendo las cualidades propicias para poder ayudar, y sobre todo resaltando la necesidad de cultivar una actitud de respeto ante el **misterio de la existencia.**

Capítulo 3

¿Es "necesario" y "bueno" cambiar?

QUEREMOS AHONDAR EN el tema del cambio pues tanto quien pide ayuda como quien la da, está buscando –implícita o explícitamente– una transformación, ya sea de un estado interior, de una situación externa, de un vínculo.

A modo de ejercicio podemos preguntarnos ahora: ¿Deseo cambiar algo de mi vida? ¿Qué es lo que deseo cambiar? ¿El mundo en que vivo? ¿A mi familia? ¿A mí mismo? ¿Qué partes de mí quiero cambiar y por qué?

Enfoquemos primeramente el deseo de cambio de lo que está fuera de nosotros: el mundo en general, las empresas en las que trabajamos, las personas cercanas, parejas, hijos, madres y padres, son en general objeto de nuestro ímpetu transformador.

Respecto de cambiar el mundo, tanto se ha escrito y es tan difícil el tema, que renunciamos a entrar en él. Respecto de cambiar al otro, bueno, ahí sí conocemos algo más del proceso que se desencadena dentro de la persona que se erige en "cambiador", y dentro del que "debería" cambiar en función del gusto, o de la necesidad del cambiador. Y desde ya podemos adelantar algo: es una intención que quedará frustrada. Así como dijimos que es imposible hacerle ver a alguien lo que no quiere ver, de la misma manera es ilusoria la pretensión de cambiar algo o a alguien fuera de uno mismo.

Dice el sufí Bayazid:

De joven yo era un revolucionario y mi oración consistía en decir a Dios: "Señor, dame fuerzas para cambiar el mundo".

A medida que fui haciéndome adulto y caí en la cuenta de que me había pasado media vida sin haber logrado cambiar a una sola alma, transformé mi oración y comencé a decir: "Señor, dame la gracia de transformar a cuantos entran en contacto conmigo. Aunque sólo sea a mi familia y a mis amigos. Con eso me doy por satisfecho".

Ahora que soy un viejo y tengo los días contados, he empezado a comprender lo estúpido que he sido. Mi única oración es la siguiente:" Señor, dame la gracia de cambiarme a mí mismo". Si yo hubiera orado de este modo desde el principio, no habría malgastado mi vida.

Es posible que al reconocer la inutilidad del deseo de que sean los otros o la realidad los que cambien, nos encontremos frente a frente con el único cambio posible: el propio.

Quizá nos percatemos de que nuestros rasgos y características nos alejan de los demás, nos producen sufrimiento o hacen sufrir a los otros, y lleguemos a la conclusión de que sería bueno cambiar. Empero, hemos de preguntarnos qué quiere decir cambiar y cuál es el sentido de ese cambio; qué es lo que intento lograr cuando quiero cambiarme a mi mismo.

Comparar, oponer, contradecir

Para profundizar en este planteo, analizaremos las siguientes acciones interiores: la comparación, la contradicción y la oposición.

Estas tres acciones, cuando provienen de un nivel *mecánico*[15] de funcionamiento de nuestra mente, son las que juzgan diciendo esto sí y aquello no, esto o aquello en forma excluyente, mejor o peor.

La **comparación** es necesaria para comprender las diferencias; por ejemplo, podemos comparar dos sillas y observar que una de ellas es más alta que la otra. Esta comparación no daña. Pero en general no se la utiliza para conocer sino para evaluar y clasificar, emitiendo juicios de valor, separando en bueno o malo, positivo o negativo, válido o inútil. Cuando la ejercitamos con nosotros mismos, en general sucede que nos convertimos en objetos; nos miramos y nos preguntamos: ¿cuánto valgo? ¿Valgo igual que el otro? ¿Soy mejor o peor? ¿Mi destino es más afortunado o más desafortunado? No nos vemos a nosotros mismos ni vemos al otro en su esencia. Y es esta comparación la que muchas veces nos estimula a tratar de cambiar, no por necesidad real, intrínseca, sino por celos, envidia, desvalorización. La comparación es injusta casi siempre, y algo de ello saben los hermanos. Si observamos esta tendencia de la mente, podemos mirarla con ternura, y ver que es una mente

---

[15] **Mecánico, mecanicidad**: este concepto que utilizamos repetidamente en este texto, también proviene de las enseñanzas del Sr. Gurdjieff y el Sr. Ouspensky y del Cuarto Camino. Alude al funcionamiento automático de la mente del hombre sin trabajo interno, que se caracteriza por reaccionar como una máquina estímulo-respuesta. Mediante el *Recuerdo de Sí*, la auto observación y la transformación de la negatividad, podrá devenir un hombre que funcionará desde partes más elevadas –no *mecánicas*– de su ser.

que no logra conocer directamente las cosas y necesita, por ahora, comparar para conocer.

La **contradicción** aparece ante nuestros ojos porque no percibimos el cuadro completo. Es como si miráramos por el agujero de la cerradura, y viéramos sólo una parte del mundo que hay del otro lado. Nos parece que una idea se contrapone a la otra. Es como una reunión partidaria, o una reunión de consorcio, llena de contraposiciones. Desde esta visión parcial y contradictoria, muchas veces queremos cambiar "una pieza", un rasgo, un estado. Lo que aún no se percibe es que, si escucháramos a todos y le diéramos valor a la posición de cada uno, veríamos el cuadro completo, que luego nos permitiría elegir con más claridad. La visión del rompecabezas reunido alivia, porque en ese momento tenemos la visión de conjunto, cada parte tiene un sentido en el Todo, se ve la figura completa allí donde anteriormente se veían fragmentos sin sentido.

La **oposición** también es necesaria para conocer, pero la oposición a que nos referimos es la que ve discordia entre los pares de opuestos. En este sentido, es no percibir la unidad de los pares de opuestos y su necesidad recíproca dentro de la Unidad. Se ha dicho que no existe la oscuridad y la luz, que en realidad to-das son gradaciones de la luz y que son polos opuestos sólo para una mente dual, una mente que justamente no comprende la unidad subyacente a toda aparente polaridad. Como nuestra mente es dual por naturaleza, divide, y desea cambiar, eliminar uno de los polos; pero en vez de oponer y enemistar los opuestos, podemos intentar percibir la conexión profunda que hay entre la luz y las sombras, entre el cielo y la tierra, el nacimiento y la muerte.

Cuando la motivación para el cambio proviene de comparar, oponer, contradecir y rechazar lo que **es**, el cambio se produce ejerciendo violencia o mutilando una parte, y por ende es inadecuado, aparente o ilusorio, y a la larga o a la corta, genera más sufrimiento.

EL CAMBIO APARENTE Y EL CAMBIO PROFUNDO

A veces sucede que alguien que era un comilón compulsivo se controla y come poco; o alguien antipático aprende técnicas de seducción y se convierte en más simpático; alguien violento logra esconder su violencia; alguien poco educado va a un curso dictado por un conde que le enseña modales y aprende a comer y a hablar con corrección.

Este tipo de cambio es superficial y aparente, sólo cosmético: las arrugas siguen estando, sólo que las hemos disimulado, o aprendido a no mostrarlas. Quizá la persona haya creído que se sentiría mejor de la nueva manera, y sin embargo, penosamente, comprueba que ello no le ha traído más felicidad o bienestar y que sólo ha profundizado la desilusión. Nuestra aspiración es aprender a diferenciar el cambio imaginario del cambio profundo. Para ello tenemos que renunciar a los supuestos cambios que son lucecitas de colores sin sustancia, y aprender a percibirlos como tales.

En un nivel más sutil el cambio es otra cosa, es aquello llamado "transformación", que ocurre en planos interiores, y que viene como consecuencia de un **darse cuenta**. Es un darse cuenta fruto de un serio proceso de reflexión y autoconocimiento, o también después de un fuerte impacto que nos catapulta hacia otro nivel de comprensión y hacia otro estado interior. Este cambio lo llamamos **transformación** porque ha habido algo que nos ha cambiado *desde* y *hasta* lo más profundo de nosotros mismos y nos ha hecho acceder a otro nivel de consciencia. Por ejemplo, crecemos en cuanto a la consciencia de nuestra responsabilidad individual cuando dejamos de acusar a nuestros padres como la causa de nuestra situación, cuando comprendemos en vez de juzgar, cuando encaramos una acción o un movimiento en vez de quejarnos, cuando nos asumimos como seres adultos que pueden elegir su comportamiento y responsabilizarse de sus elecciones. Así es como nos damos cuenta de que también somos responsables de lo que sucede alrededor de nosotros, incluso de la suciedad del planeta y por ejemplo, procuramos no desperdiciar recursos naturales. Nadie nos ve, no ganamos nada específicamente para nosotros, pero el papelito que antes tirábamos en la calle, hoy no lo tiramos: algo cambió en nuestra actitud. Es un cambio que, a veces pequeño e insignificante en apariencia, es producto de un profundo cambio de consciencia.

Utilizaremos una metáfora, la de comparar al hombre y sus características peculiares, su tipo de cuerpo y sus talentos, con un instrumento musical. Entonces, la guitarra es de madera y con una caja de resonancia particular, la flauta es de metal y con capacidad de producir sonido al pasar el aire a través de sus aberturas. Los humanos también tenemos formas y características diferentes, que no podemos cambiar; que tenemos más bien que conocer, re-conocer, y aceptar como nuestro bagaje y nuestra propia forma. Podemos así utilizar nuestro instrumento, guitarra, flauta o el instrumento que fuere, para cumplir la particular misión o lugar que cada uno ocupa en la orquesta. El problema surge cuando la guitarra quiere ser potente como un tambor y el trombón sutil como una flauta. Es el engaño de las formas y la comparación, en vez de la comprensión de que cada cual es perfecto tal cual es, que el cambio no tiene que ver con un cambio de forma o de apariencia, sino con crecer desarrollando el propio potencial, desempeñando de la mejor manera posible el rol que le ha sido asignado o ha elegido; que la clave es hacer lo mejor posible en ese lugar que le ha tocado a cada quien según sus particularidades y circunstancias.

Necesitamos aprender a respetar el cuerpo que tenemos y a aceptar que hay un sufrimiento que es necesario e inevitable. Cuando comprendemos quiénes somos a nivel de instrumento, cuáles son nuestras posibilidades y nuestro sonido, dejamos de creer que un destino es mejor o peor que otro; que sería mejor o peor si fuéramos de otra forma y que seríamos más o menos felices si fuéramos otros en vez de ser nosotros mismos.

TRANSFORMAR-NOS

Cuando uno es un *Peter Pan*, que vive en una Isla que no existe, allí donde todos somos niños y nos amamos, uno queda con una consciencia infantil aunque el cuerpo envejezca. Este crecimiento muchas veces está en relación con aceptar que los sueños, sueños son. Hemos visto a lo largo de nuestras vidas que una de las dificultades mayores es soltar las ilusiones de la infancia y la adolescencia. Ilusiones que nos hablan de que seremos siempre jóvenes, que ningún ser querido morirá, que tendremos una madre buena que nos protegerá siempre, que así, tal cual somos, podríamos vivir en un mundo feliz. Cuando estas ilusiones siguen vivas aún en la adultez, nos llevan a querer mantener el cuerpo joven y la piel sin arrugas, aun a costa de operaciones y torturas al propio cuerpo; a depositar en alguna persona idealizada el rol de madre o padre bueno y creérnoslo hasta muy crecidos. O incluso podemos intentar crear comunidades de "pares", donde creemos que no habrá agresividad, celos, injusticias. Hemos visto que todas estas ilusiones tienen patas cortas, y es justamente cuando uno se desilusiona, y luego del duelo por la desilusión, que se llega a una aceptación de la verdad de la vida, tal como es aquí y ahora. Y descubriremos su belleza, su unicidad e irrepetible creatividad.

La pérdida de las ilusiones está asociada al fracaso. Sin embargo el fracaso enseña; y en este sentido, más que un fracaso es un éxito, como veremos en el próximo capítulo. Hubo una expectativa, una esperanza de algo y ésta se desvaneció. Aceptar el fracaso es perder la omnipotencia infantil, es madurar. Aprender que hay algo que puedo y tanto más que no puedo. Y que eso es humano.

Esta concepción implica no invertir nuestras energías en cambios ilusorios sino en el **cambio de la consciencia** y, gracias a ello, cumplir el papel que nos tocó en el guión de la obra que es nuestra vida con la mayor excelencia de que seamos capaces. Saber que un rol en una pieza de teatro puede ser ejecutado con maestría o con pobreza y afectación. Volviendo a nuestra metáfora de los instrumentos, no vamos a cambiar de ser una guitarra para ser un tambor, pero podemos estar afinados para ocupar nuestro lugar, de relieve o no, en la orquesta de la vida.

Transformar es haber desarrollado una mirada inclusiva y abarcadora, una aceptación amorosa de lo que es, y una acción consecuente con el cambio de visión.

La experiencia nos dice que este cambio, debido a un cambio de consciencia, simplemente sucede como una consecuencia natural de habernos transformado. Osho[16]

---

[16] Osho, maestro espiritual hindú, anteriormente Bhagwan Shree

da el ejemplo de una niña que hasta ayer jugaba con muñecas, y hoy se levanta crecida y deja las muñecas a un lado. Sin pesar y con naturalidad. Ya creció y ahora le atraen otros juegos. Pero a diferencia del cambio de intereses a causa del crecimiento natural como en el caso de la niña con las muñecas, este cambio del que hablamos no está dado ni garantizado por la Naturaleza. Es producto de un deseo, una intención, un trabajo en consciencia a lo largo de un tiempo. Para que este cambio del que estamos hablando se produzca suavemente hemos tenido que trabajar mucho interiormente y haber hecho previamente ingentes esfuerzos.

¿Cuál es el esfuerzo que desaparece y cuál es el que sigue vigente en los ejemplos que citamos anteriormente: en la dieta para dejar de ser gordo, en la represión para dejar de ser agresivo, en la lectura voraz para dejar de ser inculto? El esfuerzo que desaparece es el de la pelea contra un enemigo, mientras que el que persiste es la intención de trascender la mecanicidad. Cuando hay una toma de consciencia del cómo y el por qué de estas características y experiencias de vida, hay comprensión, que es el primer paso hacia la compasión; hay una visión ensanchada del Todo del cual forma parte esta gordura, esta agresión o esa falta de cultura. Y a partir de esta nueva visión hay una nueva consciencia y con ella aparecen otras motivaciones. **Un cambio es aparente o profundo, según el origen de la motivación para dicho cambio: rechazo o aceptación.** Luego puede que haya que hacer muchos esfuerzos para dejar de comer sin límites, para

Rajneesh, utiliza las enseñanzas de numerosos maestros de distintas épocas, tales como Krishna, Buda, Jesucristo, Lao Tse, Sócrates, Heráclito, Gurdjieff, para acercarse desde distintos puntos de vista a la cuestión de la Iluminación.

tratar de evitar la expresión de emociones dañinas, o para cultivarse; para no dejarse llevar por lo mecánico de la negatividad, del reclamo, de la indolencia, o de la depresión "porque las cosas no son como me gustaría que sean".

Para lograr este cambio hay que hacer un trabajo: el que nos lleva al **despertar,** de lo cual se habla en todo mito y Escuela involucrada con la evolución humana. Ese, quizás es el verdadero cambio: pasar de estar más *dormidos* a estar un poco más *despiertos*.

La fuerza para el cambio nace de la aceptación

Ya en relación al sufrimiento hablamos de este gran tema de la aceptación. Aquí lo retomamos, ya que creemos que la aceptación es la clave y que sin ella no puede haber un cambio profundo.

¿Qué es lo que entendemos por aceptación?

Aceptación no es más que la simple ausencia de rechazo. Significa reconocer que lo que hay, hay; lo que fue, fue; lo que es, es. *No aceptación* significa que no hay tal reconocimiento, que uno imagina que lo que está frente a uno es o debiera ser diferente de lo que es, o que no está ahí.

Aceptar no es una actividad pasiva en absoluto. Incluye asumir las propias responsabilidades, las conexiones con los demás, y la necesidad de actuar en las situaciones tal como se presentan. Dice Jean Klein[17]: "*La aceptación es la suprema vigilancia, atenta, activa*".

Aceptar, entonces, no es quedar inertes ante lo que "es", no es resignación. Aceptar es reconocer que algo es como es, y que además tiene un sentido, aunque no esté en nuestra posibilidad verlo de manera completa, ni sus

[17] La Mirada Inocente, Ed. Obelisco, España.

causas, ni sus efectos, ni por qué la vida lo ha construido de esa manera.

Esta aceptación de la realidad, esta humildad inteligente, es de la cual hablan todos los sabios. He aquí dos pequeños cuentos que lo ilustran.

Había una vez un sabio que cuando volvió de meditar en el bosque vio que su cabaña ardía en fuego. Los campesinos del lugar habían salvado algunas de sus pertenencias y las habían puesto a un lado. El sabio tomó todo lo salvado y lo arrojó al fuego. Los campesinos se sorprendieron más aún cuando comenzó a llover y el sabio fue a buscar agua del pozo y comenzó a arrojarla para apagar el fuego. Dijeron: "Sabio, primero tiras todo al fuego, luego lo apagas con el agua, ¡no te comprendemos!" Y el sabio dijo: "Cuando llega el fuego lo honro y colaboro con él; cuando llega el agua la honro y colaboro con ella".

En un gran bosque lleno de pajarillos, se desató un enorme incendio que comenzó a quemar todos los árboles. Los pajaritos lloraban desconsolados. De pronto vieron que uno de ellos, tomaba una gotita de agua del mar en su piquito y la arrojaba al fuego. Y así iba y venía muchísimas veces, con su piquito cargado con una gota de agua. Se le acercaron los demás pajaritos y preguntaron: "¿Pero qué haces?". El pajarito siguió sin perder un minuto con su tarea, y dijo simplemente: "estoy apagando el fuego". Algunos pajaritos lo miraron socarronamente: "Nunca lo conseguirás". Pero otros pajaritos se sintieron inspirados por su entereza y comenzaron a hacer lo mismo. Fue entonces cuando Dios, viendo la unión de tantos en una misma acción, abrió los cielos y un gran chaparrón descendió con fuerza.

Estos dos cuentos sintetizan algo que deseamos abordar con mayor profundidad: dos acciones aparentemente opuestas pero generadas a partir de una misma actitud interior: **la aceptación de lo que es**. En el primer cuento el sabio ve qué es lo que hace la Vida y colabora con ella. Alimenta la acción del fuego. "¿Estoy perdiendo todo? Termino de dar lo poco que me queda, sin odios, sin resentimiento, sin sentirme una víctima. Comprendo la línea que la vida está tomando conmigo y mis circunstancias, reconozco la sabiduría del Poder Supremo[18] y colaboro con ello".

En el caso del pajarito, que obviamente también es sabio, hay una actitud que podría parecer opuesta: "hay fuego y lo apago". Entonces ¿dónde está la sabiduría? ¿Cuál es la clave?

No hay recetas de cuándo hacer una cosa y cuándo la otra. Nadie nos puede indicar cuándo es oportuno trabajar a favor de lo que ya es y se está manifestando –el sabio que quema sus cosas– o cuándo utilizar nuestra energía y nuestro amor para actuar a favor de algún cambio –el pajarito que apaga el incendio -. Sin embargo, algo que

[18] Por **Poder Supremo** entendemos algo cercano a aquello que en el I Ching es llamado Lo Creativo, y que está descrito de esta manera: "Grande en verdad es la fuerza original de lo Creativo. Todo el cielo está compenetrado por esta fuerza. El comienzo de todas las formas reside, por así decirlo, en el más allá, en forma de ideas que aún deben llegar a realizarse. En lo Creativo reside la fuerza destinada a dar forma a estas imágenes primarias de las ideas. La Vía de lo Creativo obra mediante la modificación y la transformación, a fin de que cada cosa adquiera su recta naturaleza y su recto designio y logre duradera concordancia con la gran armonía.". Desde esta comprensión, decimos que "nuestra vida", está en manos de la "Gran Vida", aquella que lo incluye todo. Y nosotros, como parte de esta Vida, tenemos nuestro propio lugar y nuestra propia función en este juego cósmico que nos incluye y trasciende.

podemos tomar como una indicación válida es aquello que dicen los Lamas Tibetanos: "el mayor bien, para la mayor cantidad de seres y que dure la mayor cantidad de tiempo". ¿Cuál es el mayor bien? Nos lo dirá la **intuición**, en cada momento, si estamos Presentes.

Podemos afirmar que **la fuerza para el cambio nace de la aceptación.** El pajarito no habría podido volar con su gota de agua en el pico, si no hubiera visto y aceptado que el incendio con su fuerza destructora era lo que estaba allí. Al aceptar lo que **es** nos ponemos en contacto con la realidad, y eso de por sí da fuerza. Apoyados en una ilusión, devenimos frágiles y endebles; apoyados en la realidad, fuertes y consistentes.

Dicho en otros términos: **el verdadero cambio se produce cuando aceptamos lo que es, y tomamos la decisión de actuar a favor del bien común, en el que estamos incluidos, y en armonía con el Todo.**

Antes de cerrar esta reflexión sobre la aceptación, queremos comentar su efecto en nosotros. El efecto que deja la aceptación es en general de **paz y armonía.** Lo hemos visto en enfermos terminales, en madres que pierden a sus hijos, en personas con reveses económicos serios, cuando finalmente aceptan la muerte, el fracaso, la destrucción, pueden acceder a otro estado y renacen de sus cenizas.

Cuando aceptamos, nace una armonía con la Vida y su energía se despliega a favor de la situación. Comenzamos a sentirnos parte de un Todo amigo y no enemigo; incomprensible a veces, pero al cual le reconocemos su bondad, pese a todo. Esto no es fácil, implica nuevamente estar dispuestos a ceder nuestra ilusoria omnipotencia, nuestra idea de que todo tiene que ser como nos gusta, que nuestros deseos tienen que ser satisfechos, y que nosotros sabemos más y mejor que el Creador de la existencia.

No pidas que las cosas sucedan como tú quieras sino procura quererlas como ellas suceden, dice Epicteto[19]

Para que surja la aceptación desde lo profundo de nosotros mismos es necesario un *trabajo* también aquí. El trabajo de desmantelar nuestro "no" a la vida y a la realidad. Amar la realidad tal cual es; en vez de querer cambiarla por algo "mejor" según nuestro criterio, o sustituirla por ilusiones.

Y es tan frenético este furor de cambiar todo, que no nos damos cuenta que en realidad **todo está cambiando todo el tiempo**. Nada permanece, todo cambia. Así decía Heráclito[20]: *En el mismo río entramos y no entramos, pues somos y no somos los mismos:* el río —que no deja de ser el mismo río— nunca es el mismo, así como nosotros, que también somos los mismos, al mismo tiempo no somos los mismos. En las palabras de Buda: todo es imperma-

---

[19] Epicteto: Manual y Máximas, Editorial Porrúa, Mexico 1996. Epicteto nació en el año 50 en Grecia, fue esclavo, desterrado, perseguido, hasta que obtuvo su libertad por el impacto que causó su sabiduría en su dueño. Epicteto no escribió nada. Fue su discípulo Flavio Arriano quien tomó notas de lo que hablaba su maestro y las reunió. Dicen que cuando Epicteto hablaba, el oyente no podía dejar de sentir lo que aquel hombre quería que sintiera.

[20] Heráclito: filósofo griego conocido también como «El Oscuro». Heráclito afirma que el fundamento de todo está en el cambio incesante. El fragmento que citamos- citado con frecuencia erróneamente como "no se puede entrar dos veces en el mismo río", siguiendo a la versión de Platón - ejemplifica la doctrina heraclítea del cambio. Si bien una parte del río fluye y cambia, así como en nosotros hay una parte que fluye y cambia, hay otra —el cauce— que es relativamente permanente, el logos que todo lo rige, la medida universal que ordena el cosmos. Heráclito sostiene que los opuestos no se contradicen sino que forman una unidad armónica.

nente. Entonces ¿por qué nos apuramos a cambiar lo que ya cambiará por sí mismo? La respuesta probablemente está relacionada con nuestro miedo a la vida y con nuestro desconocimiento de su poder autorregulador, de su sabiduría. Es sólo observando en nosotros ese miedo, esa ansiedad, ese rechazo, que podremos ir más allá. Y recién allí, intuir si es hora de quemar lo poco que queda, o de llevar con el pico una gota de agua para apagar el incendio.

En cuanto a la ayuda, la **aceptación** es el requisito primordial para poder acompañar al otro en lo que verdaderamente está viviendo. Veremos que esta capacidad de **acompañar** es la base natural y profunda de la ayuda que podemos dar y que podemos recibir.

Capítulo 4

El éxito de la ayuda

Hay una historia acerca de Edison y su invención de la lamparilla eléctrica. Le preguntaron cómo se sintió cuando dos mil pruebas habían fallado antes de lograr finalmente la primera lamparilla. Él respondió que no había habido ninguna prueba fallida, que había sido un proceso de dos mil y un pasos.

Hay otra historia acerca del bambú japonés que, luego de ser sembrada su semilla y cuidada durante largo tiempo, recién al cabo de siete años brota un árbol que en pocos días adquiere treinta metros de altura. Durante los primeros siete años de aparente inactividad, este bambú estaba generando un complejo sistema de raíces que le permitirían sostener el crecimiento que iba a desarrollar después.

Estas historias nos ilustran acerca de los procesos internos, que generalmente son ocultos, invisibles, "a prueba de impacientes", y del sinsentido de decretar éxito o fracaso de una tarea o de un movimiento, basados únicamente en lo aparente.

Exploremos entonces los criterios para evaluar el resultado de una tarea o una acción, como exitosa o positiva, o como fallida o negativa. Es decir, exploremos la idea de éxito y fracaso en relación a la ayuda, y también mas allá de la ayuda.

Señales que engañan

Comúnmente se habla de éxito cuando se logran los objetivos propuestos, sean estos cosas materiales, conocimiento, poder, o felicidad. Una manera común de evaluar una ayuda, es según sus resultados: creemos que fue exitosa nuestra ayuda si el otro realizó ciertos cambios, y que fue un fracaso si no los logró. Por ejemplo, consideramos que fue una ayuda exitosa si un fumador empedernido dejó de serlo, o que fue un fracaso si una pareja finalmente se divorció o un enfermo se murió.

A veces omitimos y olvidamos algunos hechos que fueron ayuda verdadera, y otras veces vemos como exitoso algo de lo que podríamos cuestionar su calidad de ayuda. Hablamos de señales que engañan, porque hay ayudas que son muy evidentes, incluso aparatosas, pero que resultan ilusorias, y hay otras más sutiles, como cuando nos han acompañado, en silencio, con el corazón, y esto nos ha dado la fuerza para un cambio, aunque pequeño y no tan evidente.

Desde el **lugar de ayudado**, a veces valoramos algo que nos da otra persona y creemos que es ayuda porque eso era lo que queríamos recibir, lo que nos gusta, lo que corrobora una idea propia o la idea que tenemos de nosotros mismos, o incluso sólo porque nos halaga. O bien valoramos una ayuda si a partir de ella realizamos los cambios que esperábamos.

Desde el **lugar de ayudador**, a veces valoramos nuestro trabajo o nuestra ayuda según la evaluación positiva o negativa de los demás. Si el otro nos pondera, calificamos positivamente lo que hemos hecho; si el otro se enoja o nos critica, nos sentimos desvalorizados, y desvalorizamos nuestra acción.

Preguntémonos, por ejemplo, por qué es apreciada o rechazada nuestra ayuda; miremos dónde cae dentro del otro lo que hemos hecho y desde dónde el otro halaga o critica. A veces podemos descubrir que justamente lo que nos hizo rechazables e incómodos, fue que "dimos en el clavo", que el otro logró ver en sí mismo una actitud o una conducta hasta el momento negada o rechazada; o que lo que nos hizo admirados fue que le hemos dicho algo que el otro quería escuchar aunque haya sido un aporte poco significativo para su evolución. Es oportuno aprender a mirar dentro de nosotros la propia dependencia de la aprobación o la desaprobación, y observar nuestra reacción automática al estímulo de aplausos y abucheos. Dice Lao Tsé[21]: *Si te importa la aprobación de la gente, serás su prisionero*. Prisioneros de la opinión ajena no seremos libres para ver con claridad el camino adecuado de la ayuda.

Otra señal de éxito o fracaso que solemos tomar es el sentimiento que nos queda luego de ayudar a alguien, de satisfacción, o de descontento y frustración. Esta vivencia puede deberse a que nos halagan o reconocen, o bien a que nos hemos sentido fuertes y capaces, lúcidos e inteligentes.

Recordemos que la ayuda para nosotros es un arte. Entonces, ¿cuáles son, y cuáles no son, las señales del éxito en el arte? Seguramente no serán los aplausos, ni la cantidad de obras vendidas, ni el precio de las mismas. Tampoco será un indicador el reconocimiento del público

[21] Lao Tse, considerado el autor del *Tao Te Ching*, obra esencial del Taoísmo

ni de los críticos de actualidad. La calidad del acto creativo no se mide por los premios, ni por la popularidad o la impopularidad. Su calidad, la mayor parte de las veces, es invisible a los ojos, como diría El Principito[22].

EL ACTO CREATIVO Y EL NO-HACER

Desde esta concepción de la ayuda que estamos proponiendo, podemos decir que una ayuda ha sido exitosa cuando logramos acompañar al otro y realizar el pequeño o gran acto que en ese momento es requerido.

Cuando uno está dispuesto a hacer lo necesario, es en la adherencia de este acto a la Vida donde se encuentra la armonía. Es decir, no habrá ayudas importantes o sin importancia; la importancia estará dada por la ley de la mutua necesidad y el mutuo beneficio que ese proceso estará manifestando. Ello implica tomar una actitud impersonal y abierta, y generar una consciencia en la cual no hay lugar para méritos propios. La ayuda es en el fondo un acto del cual no nos podemos apropiar, no nos pertenece, es algo que sucede y no que hacemos. El éxito tampoco nos pertenece. Estamos tan acostumbrados a apropiarnos de todo, pareja, hijos, casa, coche, y también de objetos más sutiles como las ideas o los sentimientos, que nos cuesta creer que no nos pertenecen.

Aclaremos esto un poco más. Hay otro aspecto de la ayuda que está relacionado con el **no hacer**. Es un hacer sin la intervención de lo que luego analizaremos como conductas distorsionadas en el acto de ayudar. El *no-hacer* no es no *actuar*: en realidad no podemos no actuar, la vida misma es toda ella movimiento y acción. Sería rechazar la existencia tratar de detenerla, paralizarla; ésta no es la alternativa. En la existencia todo es acción; el cuerpo

[22] "El Principito", Antoine de Saint Exupery, Editorial Emece.

necesita moverse y hacer, la mente necesita pensar y comunicar sus elaboraciones, los sentimientos nacen para ser compartidos. La *esencia*, nuestro centro profundo, es la fuente de la acción. Y nuestra *personalidad* concreta es como el violín del violinista. Podríamos decir que el violinista es la esencia y que el violín es nuestra personalidad. El verdadero ejecutor es el violinista, y utiliza al violín como su instrumento para expresarse. Lo que estamos queriendo decir es que el violín sin el violinista sería un instrumento muerto; es el violinista quien lo anima. Es la personalidad la que quiere apropiarse de la acción, como si el violín quisiera decir que *él* es el ejecutor de la música y es suyo el mérito de la melodía resultante. Cuando la personalidad reconoce que sin la esencia no vibra y no es, calla y *no hace*, se ofrece simplemente como un instrumento en manos de la esencia. Y todo funciona armónicamente.

Este no-hacer es el verdadero acto creativo. Dice Nissargadatta[23]: "*la verdadera quietud es el corazón de la acción*". De la *verdadera* acción, no de cualquier actividad: el *hacer* que está en sintonía con la vida surge de la quietud, del *no hacer*.

No hacer desde la pretensión de que soy *yo* quien hago, de que es mío lo que hice, lo que dije, lo que pensé; sino desde la consciencia de que **es la vida misma la que está manifestándose a través de mí.** Así, en el acto de la ayuda participaremos conscientemente de algo que nos trasciende y al mismo tiempo nos incluye; es una invitación a representar un papel específico dentro de la gran obra de la Vida y a desempeñarlo lo mejor posible, sabiendo que lo que hemos hecho no es de nuestra

---

[23] Sri Nisargadatta Maharaj, "I am that" Sudhakar S. Dikshit, 2006

propiedad ni tiene sentido que nos vanagloriemos o nos denigremos por ello.

Hay una historia que se cuenta en Los Trabajos de Hércules en la cual Hércules, el discípulo, debe destruir a una criatura monstruosa, la hidra de 9 cabezas, una de las cuales es inmortal. Su Maestro lo instruye, diciéndole que no piense que puede triunfar con medios ordinarios, porque en cuanto destruya una de las cabezas, le crecerán dos más. Y le da un consejo un tanto extraño: **"Uno se eleva arrodillándose; conquista, rindiéndose; gana, renunciando"**. En el caso de la hidra, todo intento de Hércules de luchar de modo tradicional contra ella resultó vano y opuesto: cada vez que eliminaba una de las cabezas, le crecían dos más y también crecía su fuerza. Cuando recordó la instrucción, la obedeció, *renunció* a su empecinamiento, *rindió* su orgullo arrojando su garrote, *se arrodilló*, tomó a la hidra con sus manos y la levantó en el aire. El monstruo era fuerte en la oscuridad pero cada vez más débil en el contacto con la luz, de modo que al cabo de pocos minutos, fue fácil para Hércules acabar con él.

Hércules oyó su voz interior y optó por un acto original, creativo, diferente de una lucha convencional. Arrodillarse tiene que ver con la humildad, y alzar la hidra a la luz, con llevar a la consciencia aquello que está en la sombra. Hércules fue un instrumento en manos de su esencia. Así nosotros podemos serlo en manos de la nuestra.

AMPLIAR LA VISIÓN

En esta concepción que estamos presentando, creemos que la ayuda ha sido exitosa si primeramente nosotros como ayudadores hemos logrado profundizar en el vínculo de amor y solidaridad y hemos experimentado el gozo de compartir. Si hemos aprendido algo más de nosotros mismos, si hemos podido expresar y desarrollar nuestras potencialidades y hemos ampliado nuestra consciencia. También si hemos crecido en respeto y humildad y nos hemos acercado a reconocer nuestra esencia.

Una señal de ayuda exitosa para el ayudado sería si ha conectado con su propia potencia y gozo de compartir, ha aprendido algo más acerca de sí mismo, ha logrado desarrollar sus potencialidades, ha ampliado su consciencia y se ha acercado, él también, a reconocer su esencia.

Es un éxito si ambos hemos logrado una cierta reconciliación entre las partes en conflicto, si hemos arribado a la aceptación, ampliado nuestra visión, y hemos promovido la inquietud de una búsqueda más profunda, sincera, esencial.

Y un éxito mayor aún sería el no habernos apegado a los frutos de nuestra acción, el no habernos apropiado de los resultados, y el haber accedido a la experiencia del *no hacer*.

Capítulo 5

Las motivaciones de la ayuda

Probablemente el acto de la ayuda sea una de las expresiones más profundas del amor. Esta ayuda es una acción desde el ser humano hacia aquello con lo que se relaciona: su semejante, los otros reinos de la naturaleza, el planeta.

Hemos dicho ya que la vida concreta del ser humano es una vida de acción: física, emotiva, mental y espiritual. Es decir, una actividad más evidente, que es la del cuerpo y la que se ejerce sobre el mundo físico, y una menos visible, la del pensamiento, de los sentimientos, del espíritu, de nuestros niveles más sutiles. Esta actividad sutil e invisible también es una acción, y hasta más potente que las otras, y produce sus efectos en el mundo concreto.

Entonces, hay distintos niveles de acción según su grado de densidad. Y como **la ayuda es una acción**, también hay distintos niveles de ayuda, según el nivel de donde procede y el nivel en el cual produce su efecto.

La ayuda puede ser muy concreta, como la de alcanzar una sopa caliente a un enfermo, o puede ser más sutil, como enseñar, reflexionar con el otro, acompañar en silencio. En relación a lo sutil y lo denso de la ayuda se encuentra también la motivación para la acción.

Toda acción se inicia a partir de un impulso interno, una motivación. Motivación viene de moto, que quiere decir movimiento. ¿Desde dónde surge el movimiento para el acto de ayudar? ¿Cuál es la fuente de donde parte esta ayuda?

Para el desarrollo de este tema nos hemos inspirado en *"Las Cinco Motivaciones de la Acción"*[24] y las relacionaremos con las motivaciones para ayudar. Veremos que inicialmente el ser humano está motivado para actuar por y desde sus niveles más primitivos y elementales. Y a medida que vamos evolucionando, vamos cambiando el punto desde el cual parte nuestra acción; el actuar se va refinando, se va acercando a un actuar consciente originándose en niveles más elevados de nuestro Ser hasta llegar a sentirnos sólo un canal en manos de la Vida.

1. En un primer nivel, mi accionar puede estar motivado por la **necesidad**. Actúo porque necesito hacerlo: preciso ganarme el pan y lo hago por un salario. No me gusta, no me nutre, no me hace feliz, no lo haría si no fuera por obligación. Si ayudo al otro es porque estoy obligado, pero no hay en ello amor ni elección consciente. Me quejo, me lamento, no me queda otro remedio que cuidar a mi suegra enferma, por ejemplo.

2. Mi acción puede estar motivada por el **prestigio**, la fama, atraer el amor de los demás. Actúo porque estoy buscando la aprobación o la admiración de los demás, popularidad o respeto. Hago lo que hago

[24] Antonio Blay, Ser, Curso de Psicología de la Autorrealización. Ed. Indigo. Barcelona. España

porque gracias a ello me afirmo como persona en el mundo. Trabajo porque con ello me sentiré apreciado. Si ayudo al otro es porque así me sentiré superior, mejor, admirado. Aquí no es el salario lo que me motiva, aunque pueda obtenerlo, y muy alto, sino aquello que pueda ganar en otros planos: influencia, poder, importancia personal. En todo caso, los altos ingresos me motivan porque representan ese poder, ese prestigio.

3. Mi acción puede estar motivada por el **deseo de expresarme**, porque gozo cuando comunico lo que sé y amo lo que hago. Desde este tercer punto, comienza el proceso de una acción en contacto con la Esencia. Ayudo porque gozo ayudando, lo haría gratis e incluso pagaría por hacerlo. Y si bien percibo un salario para poder vivir, el trabajo es una expresión de mi ser y soy feliz de poder hacerlo. Pinto porque amo pintar; la fama o el dinero que ello pueda acarrearme está en un segundo lugar; lo hago por amor a la acción misma.

4. Mi acción puede estar motivada por el **deseo de colaborar con la evolución humana**. Y así enfocado, percibo que el otro, que todos los otros que se me cruzan en el camino, son oportunidades para trabajar en esa dirección. Confío en que mi acción puede ser útil para la evolución de otros, para su bienestar, para su crecimiento. No siento que nadie esté en deuda conmigo porque lo haya ayudado. Nace aquí lo que podemos llamar la actitud de Servicio: mi trabajo, mi obra, sirve para un fin superior. Y ésa es la motivación que me mueve: el altruismo, el amor, el deseo de servir. Puede ser que con esta ayuda yo gane dinero (motivación 1), sea apreciado y recono-

cido, incluso admirado (motivación 2), puedo hacer lo que hago con un amor profundo (motivación 3), pero aquí la motivación no proviene de esos niveles sino de la compasión, de la gratitud, de la consciencia de Unidad y de gozosa responsabilidad respecto de la totalidad de la existencia.

5. Mi acción puede estar motivada por la **comprensión de ser sólo un canal**; la comprensión de que es la Vida la que se expresa a través de mí. No soy yo como persona, máscara, el autor de mis obras. No es mi pequeño yo, el ego, el que las realiza; es el Principio Universal el que trabaja a través del instrumento, del vehículo. Volviendo a la metáfora del violinista con su violín, el violinista sería el Poder Supremo, el Principio Universal; y el violín sería el ego, el yo como persona, la máscara. Yo también sería el violinista, cuando no es el ego quien actúa sino cuando me conecto con la Fuente y devengo uno con Ella. Pero así como en el caso de un violinista es necesario que su violín esté afinado, puesto que si no, hasta el más grande de los músicos dará un concierto desafinado, así también es necesario que nuestra personalidad esté armonizada, a fin de que La Vida pueda tocar su sinfonía a través de nosotros. En este nivel ya no hay dos, ayudado y ayudador; hay UNA vida fluyendo armónicamente. Ayudar desde este quinto nivel es una aspiración. Esta aspiración la han podido realizar los seres humanos que saben quiénes son y no se identifican con lo que no son. Probablemente sólo el sabio sabe que *no hace*, sino que *se hace* a través de él.

En estas cinco fases o etapas de la motivación para la acción, podemos ver los grados de evolución del ser humano y su grado de comprensión; desde la caída del Adán bíblico y su expulsión del Paraíso, de tener que ganar el pan con el sudor de la frente, a la consciencia de ser un instrumento, una expresión del Uno. Son por un lado motivaciones y por el otro, podemos verlas como etapas evolutivas sucesivas. Parten del nivel más concreto y denso y van avanzando a otros niveles de comprensión más profundos. Es un recorrido a través del cual vamos manifestando, cada vez más, en la existencia, aquello que somos como Esencia. Cada una de estas etapas y motivaciones puede incluir a las anteriores, pueden coexistir, o bien pudieron haber sido transformadas al haber alcanzado la etapa evolutiva siguiente.

Estas fases y niveles de Ser son visibles en cualquier acto de nuestra vida cotidiana: en la preparación de una comida, en la escritura de un libro, en el dictado de una clase, en la acción terapéutica de una sesión, en la realización de una ayuda.

Por ejemplo, al preparar una cena, podemos cocinar con desgano porque es nuestra obligación, como víctimas de las circunstancias. Podemos cocinar porque de esa manera logramos que nos admiren, nos ponderen, nos valoricen, y así sentirnos "alguien". Si no lo logramos, nos sentimos frustrados; esperamos reconocimiento y si no lo obtenemos, lo reclamamos. Podemos cocinar porque nos encanta: inventamos recetas y nos divertimos. La motivación es el gozo que nos da esa acción. Podemos cocinar porque sabemos que con ello hacemos un bien a las personas que comen nuestra comida, porque es rica y da gusto comerla, la preparamos saludable y la hacemos con amor. No hay reclamos ni deudas si no la comen, o si la comen sin agradecernos. Podemos cocinar sabiendo que en realidad somos un canal para que se manifieste lo que corresponde en cada momento.

Volviendo a la ayuda, podemos ayudar porque es una obligación, para ganarnos el pan, porque nos sentimos en el deber moral de cuidar a alguien o porque así nos lo exige el reglamento de la asociación a la cual pertenecemos. Es una ayuda impuesta. Podemos ayudar porque con ello nos sentimos más importantes, halagados, superiores a los demás. Es una ayuda que aunque parece dirigirse al otro y quizás de alguna manera se orienta al exterior, está más dirigida hacia nuestra autoafirmación. Podemos ayudar porque al hacerlo, expresamos algún talento que, de no manifestarse, quedaría sólo como potencial. Y ello satisface nuestra necesidad de dar, de compartir, de comunicar. Podemos ayudar porque sabemos que con esta acción estamos trabajando a favor del bien común, de la paz, de la expansión de la consciencia. Podemos ayudar sabiendo que en realidad es siempre la Vida la que ayuda, Vida de la cual nosotros somos solamente un canal.

En el arte de ayudar, el recorrido va desde lo que supone **deber y sacrificio**, a la vivencia de **libertad y facilidad**. Cuanto más avanzados en este recorrido, más fácil y simple nos resultará la tarea; y cuanto más asidos estuviéramos a los niveles más densos, más difícil, abstruso y hasta amedrentador, se nos presentará el acto de ayudar.

El **quinto nivel** llega como culminación de la evolución humana. Si bien nuestras motivaciones oscilan predominantemente entre algunos de los primeros niveles, puede haber **momentos de gracia** donde se hace presente este quinto nivel: sentimos que es algo Superior lo que está actuando a través de nosotros, algo que nos trasciende.

Lo solemos experimentar cuando, por ejemplo, acompañamos a alguien en esas dos experiencias cruciales de la existencia humana: el nacimiento y la muerte. Es frecuente que en esos momentos sintamos el privilegio de compartir, sabiéndonos guiados interiormente por ese poder sagrado e impersonal, y experimentemos gratitud por atestiguar la grandeza de la Vida.

Seguramente descubrirás con este análisis, motivaciones provenientes de los diversos niveles para distintas acciones y en diferentes momentos o etapas de tu vida.

Cuando trabajemos sobre las cualidades del ayudador, notarás que éstas precisamente están en consonancia con un desarrollo de los niveles más profundos y sutiles de nuestro Ser.

Guía para la reflexión

¿Reconoces en ti las motivaciones del **primer** nivel? ¿En qué sectores o ámbitos de tu vida te ves movido por ello? (la obligación y el esfuerzo)

¿Reconoces en ti la motivación del **segundo** nivel? ¿En qué sectores o ámbitos de tu vida te ves movido por ello? (la autoafirmación, importancia personal, deseo de admiración)

¿Reconoces en ti las motivaciones del **tercer** nivel? ¿En qué sectores o ámbitos de tu vida te ves movido por ello? (el amor a lo que haces y la plenitud que ello te brinda)

¿Reconoces en ti las motivaciones del **cuarto** nivel? ¿En qué sectores o ámbitos de tu vida estás movido por ello? (la voluntad profunda de servir al otro, de hacer un bien)

¿Reconoces en ti alguna acción que parta o haya partido desde el **quinto** nivel? (sentirte un canal de algo que te trasciende)

Capítulo 6

Dar y recibir: el pulsar de la existencia

Dar y recibir son dos términos de un único proceso. Estos opuestos, como todos los opuestos, forman una unidad. Sólo cuando comprendemos esta idea, podemos comenzar a percibir que al dar recibimos y al recibir damos. O quizá cuando nos damos cuenta de que al dar recibimos y al recibir damos, comenzamos a intuir la veracidad de esta afirmación: las fronteras son aparentes y los extremos son las dos caras de la misma moneda. Uno de los polos parece activo y el otro pasivo; sin embargo, recibir incluye un aspecto activo al tomar lo que se nos da; y dar involucra también la pasividad al ofrecer sin presionar, con las manos abiertas.

Los dos movimientos tienen que ver con la **entrega**. La entrega implica dar y recibir como un solo acto. Por lo tanto, es un error considerarse como un dador que le cuesta recibir o viceversa. La dificultad de percibir el dar y el recibir como simultáneos es una manifestación de la dificultad de percibir y sostener la unidad.

Nuestro ego vive en un mundo dual y de opuestos. Cree que puede dar sin recibir o recibir sin dar. Sin embargo, la gran enseñanza es que no se trata de dar "o" recibir, sino de entrar en el proceso de la vida donde ambos movimientos son el pulsar de la existencia real.

Cuando nos damos cuenta de nuestra dificultad para dar, para recibir o para ambas, ya está dado el primer paso para profundizar en nuestras actitudes y observar dónde hay un bloqueo de la energía; y seguramente tendremos más claridad para encarar el próximo paso en nuestro trabajo interno. Nuevamente la sinceridad con uno mismo es la clave para comenzar a revisar el error que nos dificulta transitar por el proceso de la vida, que básicamente es *dejar entrar y dejar salir*.

Una premisa para permitir este movimiento de la vida es la **confianza**: confiar en que tengo cosas para dar, que es valioso lo que puedo hacer, lo que siento, lo que pienso; que el mundo y los otros están llenos de cosas útiles y buenas para mí, y que la vida es intercambio, entretejido, entre-tenernos.

Justamente la actitud abierta hacia lo que está fuera de nosotros, sentir que es bueno tomarlo, que lo que viene de afuera nos puede nutrir, completar, despertar, es la base para poder ser ayudado. Si no nos abrimos a recibir, ¿cómo vamos a saber dar? Y si no damos, ¿cómo vamos a poder recibir? Confiar es la acción básica; es la actitud del bebé gracias a la cual puede sobrevivir: se entrega dócilmente a ser alimentado, arropado, amado por los otros. Y luego, de adultos, confundimos madurez con desconfianza, sensatez con sospecha, cuidado con retracción.

Si aprendemos a confiar en que la energía que iremos a necesitar, siempre estará disponible y podremos tomarla si nos corresponde, seremos capaces de hacer circular todo lo que nos llega, permitiremos que el propio saber surja naturalmente desde nosotros y seremos generosos en el dar: ideas, afectos, gestos. Asimismo sabremos soltar lo viejo y confiar en que recibiremos lo nuevo que necesitamos.

Dar lo que tenemos, recibir lo que necesitamos

La relación de ayuda es evidentemente una en la cual todo el tiempo hay un dar y recibir, un movimiento que va y viene y se recicla.

¿Qué es lo que podemos realmente dar? Sólo lo que tenemos.

¿Qué es lo que podemos realmente recibir? Sólo lo que verdaderamente nos corresponde.

Si no lo necesitamos o no nos corresponde, nos apropiamos indebidamente de diferentes bienes preciosos y en varios planos, desde los más densos a los más sutiles, como la atención de otro, por ejemplo. Desde esta visión, el jugar a ser niños y requerir la atención del otro toda la vida para sentirnos *ser*, es apropiarnos de algo que de adultos no nos corresponde. La queremos, como resultado de todos nuestros condicionamientos y programación, pero esencialmente no la necesitamos. Por eso aprender a recibir implica también cuestionar nuestras creencias acerca de las propias necesidades, reformularlas periódicamente, y aprender a contactar con las verdaderas.

Aprender a dar es aprender a reconocer dentro de nosotros la riqueza de palabras, de amor, de energía que vibra en nuestro interior y estar dispuestos a que fluya hacia donde es útil, necesaria y adecuada.

El verdadero dar es permitir que la necesidad exterior atraiga de nuestro interior aquello que sea útil para armonizar esa carencia específica. Dicho con otras palabras, si nos situamos frente a una situación de "falta", sea ello vacío de amor, de comprensión, de asistencia, veremos cómo ese mismo vacío es lo que llama a nuestro interior y atrae hacia afuera la palabra, el gesto, la acción adecuada para ese momento, esa persona, esa situación. Éste es un dar auténtico, sin elegir a quién o dónde dar, en base a gustos y preferencias personales, a recompensas de algún tipo. La mejor recompensa es haber fluido con la vida, y la gratitud por haber experimentado un enriquecimiento en el mismo acto de brindarnos.

Ejercicio de auto investigación

Sentado cómodo, pregúntate y escribe de corrido sin pensar demasiado, cuál es tu actitud al *recibir*, tu facilidad y tu dificultad. Conéctate con tus experiencias de los últimos días en todas aquellas situaciones en que "recibiste" algo: un objeto, un servicio, una muestra de afecto, una enseñanza. Deja luego que tu mente vaya recorriendo libremente todas las situaciones en las que has recibido, en los distintos momentos y situaciones de tu vida, y cuáles han sido tus sensaciones a la hora de tomar lo recibido. Trata de detectar especialmente las dificultades. No te preocupes por un orden lógico y concéntrate en el enunciado *"mi dificultad para recibir es..."*, esto te ayudará a seguir si te trabas. Si vuelve una y otra vez la misma idea, quizá hayas llegado a la síntesis de tu actitud al recibir.

Haz lo mismo con *dar*.

Sentado cómodo, pregúntate y escribe de corrido sin pensar demasiado, cuál es tu actitud al dar, y luego, cuál es tu facilidad y tu dificultad en el dar. Conéctate con tus experiencias de los últimos días en todas aquellas situaciones en que "diste" algo: un objeto, un servicio, una muestra de afecto, una enseñanza, y luego observa si lo que describiste como dificultad estuvo presente. Y deja que tu mente vaya recorriendo libremente todas las situaciones en las que has dado, en los distintos momentos y situaciones de tu vida, y cuáles han sido tus dificultades en el dar. No te preocupes por un orden lógico pero no te distraigas del tema. Vuelve a la frase "*mi dificultad para dar es...*" Si en algún momento te trabas y no viene nada más, sigue repitiendo *mi dificultad para dar es...* Si vuelve una y otra vez el mismo concepto, quizá hayas llegado a la síntesis de tu actitud al dar.

Primero haz el ejercicio y luego lee estas preguntas, que te pueden ayudar a encontrar más elementos.

* ¿Te resulta más fácil, más placentera, una de las dos acciones?

* ¿Sientes una dificultad especial en una de las dos acciones?

* ¿Dirías que **das** o **recibes** con placer, tranquilidad, sin esfuerzo?

* ¿Sientes que corres algún riesgo al **dar**? ¿Y al **recibir**?

* ¿Te parece que **das** obligando al otro a recibir?

*¿Puedes detectar algo de reticencia, de escamoteo, cuando **das**?

* ¿Hay algo de vergüenza en tu **recibir,** de sentirte inferior por estar recibiendo?

* ¿Te parece que **recibes** sintiéndote exigente, descontento, o como si estuvieras robando?

* ¿Cómo te sientes después de dar? ¿Eufórico, enojado, cansado, vacío, otra sensación?

*¿Cómo te sientes después de recibir? ¿Con culpa, desvalorizado, contento, satisfecho, otra sensación?

Al escribir puedes señalar con una cruz una de las posibilidades, la más cercana. Pero no te circunscribas a las preguntas formuladas. Deja que tus observaciones fluyan. Escribe las variantes que vayas descubriendo.

DISTINTAS MODALIDADES DEL DAR Y DEL RECIBIR

Tenemos distintas maneras de relacionarnos con lo que recibimos de afuera, lo que el exterior nos brinda, lo que no es nuestro y viene hacia nosotros.

Una manera es la de recibir lo que nos dan con alegría, agradecimiento, *simplemente,* abiertos a la sorpresa, gozando del regalo de cumpleaños, sin compararlo con lo que esperábamos o con lo que nosotros habíamos regalado a nuestra vez.

Otra manera es la de recibir con ansiedad, con ansia, tomando lo que viene y apoderándonos de ello, reteniéndolo. Nos hacen un regalo y nos apegamos a él inmediatamente, temiendo olvidarlo, perderlo o que nos lo saquen. Y si esta manera se acentúa, saldremos a tomar lo que deseamos como arrebatándoselo al mundo. Podemos incluso sacarle de las manos algo que el otro tiene y que deseamos, y hasta robar.

En el otro extremo podemos, en vez, tomar muy poquito, como con un filtro, como poniéndole luz roja al mundo y a aquello que nos obsequia. Diciendo casi compulsivamente, "no, gracias".

También respecto del dar, veremos que hay distintas maneras de relacionarnos con esta energía, con lo que sale de nosotros hacia el mundo, hacia las personas y las cosas. Podemos dejar que nuestra riqueza brote desde nuestro interior hacia allí donde es necesaria; dar espontáneamente, como un niño que le ofrece su juguete más caro a otro que tiene sus manos vacías, o un amante de los pájaros que comparte con pasión sus conocimientos con quien quisiera escucharlo. Podemos dar con una actitud más activa, insistiendo para que el otro tome nuestra comida, nuestra idea, nuestra opinión. Esta actitud puede ser aun más acentuada, y entonces le imponemos al otro nuestra visión, sentimiento, hasta una caricia, sin preguntarle si la desea, sin preguntarnos si le hace bien. También podemos ofendernos si el otro no quiere o no toma lo que le damos. Y desde el otro extremo, también puede suceder que nos resistamos a dar algo, demos con cuentagotas, acorazados, temiendo que si damos, nos quedemos vacíos.

Es muy interesante observar que estas maneras de dar y recibir se pueden manifestar en cualquier actitud nuestra en relación al mundo, a los otros, a las cosas; por ejemplo, en el modo en que hablamos, en el modo en que ofrecemos un regalo, un saludo, tomamos un trozo de torta, o escuchamos una enseñanza, y también en el modo que respiramos o sonreímos.

Si tenemos una disfunción en el dar, la tendremos también en el recibir. Ambos movimientos están tan entrelazados que es imposible tratar de definir qué es lo que vino antes, si la dificultad para dar o para recibir, o si ambas nacen juntas. Sin embargo, podemos intuir que para poder dar, primero hemos tenido que recibir, y este concepto lo retomaremos en el capítulo dedicado al ayudado.

Estas ideas que sólo hemos esbozado aquí, las desarrollaremos en profundidad en relación al acto de la respiración.

Somos una unidad

En nuestra visión, que compartimos con escuelas de todos los tiempos, hay en el ser humano una profunda integración entre su cuerpo y su psiquis. Es más: éstos son dos planos de una misma cosa; el ser humano es un organismo cuerpo-mente.

Como dice W. Blake: *el Hombre no tiene un Cuerpo separado del Alma; lo que llamamos Cuerpo es una porción del Alma percibida por los cinco sentidos.*

Concebimos esta unidad como la expresión de una misma Energía que se manifiesta de maneras diferentes en los distintos niveles de la forma; Materia y Energía son las dos caras de la misma moneda. Es nuestro funcionamiento mental el que percibe dos donde hay uno; pero más allá del funcionamiento mental, está la percepción, la intuición de una realidad única, que incluye nuestro cuerpo-alma. Ejemplificaremos esta relación indisoluble con la respiración como expresión del cuerpo y su equivalente mental como expresión de la psiquis.

A través de la observación de la respiración y su decodificación psicológica ilustraremos prácticamente el tema del Dar y el Recibir que nos ocupa en este capítulo.

Puedes ahora hacer, si te es oportuno, el ejercicio de exploración de tu respiración:

Ejercicio [25]

Siéntate cómodamente en un lugar donde puedas estar en silencio. Cierra los ojos, observa tu respirar sin tratar de hacer ningún cambio en tu modo de hacerlo, sin mejorarlo, ni alterarlo; sólo obsérvalo.

Observa la inspiración, la espiración, observa también si haces un alto entre ambas: un pequeño momento de suspensión con los pulmones llenos y/u otro pequeño momento de suspensión con los pulmones vacíos.

[25] Inspirado en el texto de Antonio Blay de Hata Yoga editorial Iberia, España

Observa cuál de los dos movimientos de la respiración –inspiración y espiración– te resulta más agradable, más fluido; cuál es más largo.

Luego de esta observación abre los ojos y escribe lo primero que te surge.

Luego cierra nuevamente los ojos y observa sólo la inspiración. Escribe. Cierra nuevamente los ojos y observa sólo la espiración. Escribe. Abre y cierra los ojos cuantas veces te sea necesario. Luego lee las preguntas, observa y escribe.

Preguntas sobre la **inspiración**:

1) ¿Te parece que el aire entra solo, llenándote, sin un acto de voluntad de parte tuya?

2) ¿Dirías que la inspiración es activa, que tomas el aire utilizando un acto de voluntad, con un poco de tensión o intención en ello?

3) ¿Te parece que es violenta, como si tomaras el aire con prepotencia?

4) ¿Te parece que es tímida, como si temieras inspirar, o entrecortada, con dificultad?

Al escribir puedes señalar con una cruz una de las 4 posibilidades, la más cercana.

Preguntas sobre la **espiración**:

1) ¿Sientes que el aire se va solo, sin esfuerzo, soltándose por completo?

2) ¿Sientes que al espirar haces un sutil acto de empujar el aire hacia afuera?

3) ¿Sientes que espiras casi violentamente, como rechazando el aire?

4) ¿Sientes que retienes el aire, que sale entrecortado, con dificultad?

A continuación lee las preguntas sobre las **apneas** o suspensiones, cierra los ojos y observa.

¿Se producen ambas suspensiones, de manera que tu respiración tenga 4 tiempos?

¿Se produce sólo la apnea con los pulmones llenos? ¿Es forzada, como con una intención fuerte de retener el aire? ¿O es natural, fácil, agradable?

¿Se produce sólo la apnea de los pulmones vacíos? ¿Es forzada, más larga que la otra, como no queriendo inspirar otra vez? ¿O es agradable, natural?

Escribe tus observaciones y las variantes que has descubierto.

Significado simbólico de la Respiración

Ahora que has observado tu respiración, pasaremos a desarrollar un poco más el significado de la manera de respirar en cada uno de los 4 tiempos. Luego podrás sacar tus propias conclusiones al respecto, su relación con el dar y recibir y el acto de la ayuda.

Podríamos decir que, así como en cada parte está el todo, así en cada acto o pensamiento está el ser que lo produce. La respiración y el modo en que respiramos, no es una excepción. De modo que podemos afirmar que, *así como somos, así respiramos.* Y viceversa.

Así mismo, estas ideas son aproximaciones generales, mientras que tu respiración es única e irrepetible. Se trata de una guía para tu auto-exploración, y no son premisas indiscutibles. La respiración se altera si estamos emocionados, cansados, con distintos tipos de pensamientos, relajados o ansiosos. Sin embargo, todos tenemos una respiración de base, que puede ir cambiando a lo largo de nuestra vida, pero que manifiesta nuestra personalidad profunda.

La respiración es uno de los más sensibles resonadores de nuestra vida interior y por lo tanto conocerla, es conocernos un poco más y mejor. No sólo es el primer y último acto de la vida en el cuerpo, sino que es además nuestro primer y último contacto e intercambio con el mundo. Por eso, en este pequeño texto hemos incluido este ejercicio. Porque nos ayuda a observar nuestra relación con el mundo, con los seres humanos; a tomar consciencia de nuestro nivel psicológico y su respectiva correspondencia en el plano físico.

Para comprender el significado de la respiración tenemos que mirar qué es lo que hacemos con el aire: ¿lo retenemos?, ¿lo empujamos hacia afuera?, ¿lo aceptamos naturalmente? Como todo el proceso se desarrolla principalmente en la zona del pecho, está muy relacionado con el centro del corazón, o el centro que regula las relaciones humanas. Por eso decimos que *respirar es un acto social* y que representa nuestra manera de vivir; simbólicamente estamos recibiendo al mundo dentro de nosotros –inspiración– y luego nos estamos vertiendo en el mundo –espiración–. Los momentos de las apneas simbolizan nuestra conexión con la plenitud y con el vacío.

Podemos también observar que hay dos tiempos de la respiración que son movimiento: dar y recibir el aire –espiración e inspiración–; es el movimiento de dar y recibir del mundo y en el mundo; y hay también dos tiempos que son *no* movimiento, las apneas: estar lleno del mundo –apnea alta o llena–, y estar vacíos del mundo –apnea baja o vacía–. Los dos primeros momentos están en relación con lo fenoménico, con el movimiento y con el vínculo con los otros seres humanos. Los segundos están en relación con nosotros mismos y con aquello fuera del tiempo; no hay *movimiento* y tampoco hay *tiempo*. Podríamos decir que las apneas están más en relación con el plano espiritual, nuestro contacto con lo Superior[26].

En esta dimensión no hay movimiento, y en la respiración corresponde a las retenciones del aire. En la dimensión fenoménica, el dar y el recibir son las dos coordenadas de la vida. Inspirar es tomar; y de hecho, el primer acto de la vida es tomar. El bebé inspira, y eso señala el comienzo de la vida individual en la Tierra; inspirar es el primer acto autónomo separado de la madre. Y es, a su vez, el requisito necesario para poder dar-exhalar: para exhalar hay que inspirar antes; para dar, hay que tomar antes; y para poder tomar hay que vaciarse antes.

Guía para la reflexión

Puedes ahora, leyendo el significado de los distintos tiempos de la respiración, hacer una decodificación de tu manera de respirar y una lectura psicológica de tu relación con el mundo en base a ella. Deja que te guíe la intuición y la libertad para comprender algo más.

EL AIRE QUE INSPIRO ES LA VIDA QUE TOMO

1. Cuando el aire entra solo, sin esfuerzo de parte de quien inspira, indica que uno deja entrar al mundo dentro de sí, que está abierto a recibir lo que viene, con la confianza de saber que estamos mantenidos por la Vida misma, y que en el fondo, esta vida nos ama. Respecto a la ayuda, la aceptaremos con simplicidad.

---

[26] "lo Superior": el amor, la inteligencia y la voluntad del ser humano en sus planos más elevados y universales.

2. Cuando se inspira con esfuerzo, es como si no se confiara en que las cosas necesarias llegarán a su debido tiempo, en que la Vida nutrirá. *Yo tomo lo que quiero; lo tomo activamente y por la fuerza*, sería la frase latente. Es una actividad innecesaria ya que el aire entra solo, no es necesario ir por él. En el caso del ayudado, al estar tan ocupado en esta acción, no puede percibir que la ayuda está llegando todo el tiempo y de los lugares y personas menos previsibles. En el caso del ayudador, al no confiar en que recibirá lo que necesita, le costará dar, estará preocupado por tomar, por no perder, por no "agotarse".

3. Cuando se toma el aire con violencia, como conquistándolo, arrebatándolo, es como si se sintiera que le es negado lo que necesita y que sólo con violencia logrará obtener lo necesario. Hay miedo y necesidad de afirmarse con prepotencia. Es como un escalón más acentuado del n*2. Quien inspira así casi siempre, al estar más pendiente de tomar que de dar, tendrá gran dificultad en ayudar, o bien ayudará sintiendo que el mundo le debe, exigiendo retribuciones o quejándose. También será difícil ser ayudado, pues no sabrá esperar a que le llegue la ayuda; saldrá a tomarla ansiosamente, y tomará lo que encuentre disponible, sin discriminar.

4. Cuando se toma poco aire, indica que se teme recibir; se cree que lo que viene de afuera daña, o no sirve, o que no se tiene derecho a tomar. Quien está tan encogido, no puede realmente recibir la ayuda que le llega, piensa que no le va a ser útil, no quiere que nadie lo moleste, siente que nunca van a acertar con lo que necesita y que lo mejor es no relacionarse con

el mundo, o hacerlo lo menos posible. Está demasiado desnutrido como para poder dar y darse.

El aire que espiro es lo que entrego

1. Cuando se deja salir el aire fácilmente, sin esfuerzo, la persona se dona con facilidad, deja que aquello que no le sirve se vaya naturalmente. Sabe despojarse de lo innecesario, tiene una actitud generosa al soltar, confiando en que si suelta lo que tiene luego vendrá lo que necesita. En cuanto al ayudador, con esta actitud permite que el propio saber surja naturalmente desde sí y así es generoso en cuanto a ideas, afectos, actos. Desde el ayudado, saber soltar el aire viejo –soltar lo viejo en general– y confiar en que recibirá lo que necesita, le permitirá ser ayudado con facilidad.

2. Cuando se empuja el aire hacia afuera, la persona rechaza activamente lo que no le sirve, como si lo temiera; o con la idea de fondo de que lo "malo" se le quedará pegado si él no lo forzara a salir. Indica una tendencia a relacionarse defensivamente, y como ayudador, a lanzar sus propias opiniones o comentarios como descargas expulsivas. Desde el lugar de ayudado habrá una tendencia a rechazar lo recibido sin poder digerirlo ni hacerlo propio.

3. Cuando se rechaza el aire con fuerza, con violencia –en una actitud aún más acentuada que en el caso anterior–, casi como un toro antes de la corrida, se vive esa violencia en la relación con el mundo. Hay rabia y enojo: "te echo de mi lado"; "vete, no quiero tener nada que ver contigo". El rechazo aquí, al ser más violento, nos pone en una situación de imposibilidad de contacto amoroso. Es tal el miedo y la necesidad

de atacar que casi no hay relación de ayuda posible. Desde el ayudador hay una violencia en su relacionarse con el otro, que hace que el otro se cierre. Y desde el ayudado hay un rechazo activo del otro, un empujarlo lejos de sí, que obviamente impide recibir la ayuda que el otro podría darle.

4. Cuando se retiene el aire, se espira poco o entrecortado, es como si la persona temiera darse, quedarse sin nada; siente que lo propio no vale o no merece ser entregado. Vive como encogida y acorralada. En el acto del ayudar, es tan poco lo que da, tan poco lo que entrega, que poco efecto tendrá. En el lugar del ayudado, al estar tan ocupado en retener y no soltar, no puede abrirse a recibir.

La relación con lo *lleno*

Si existe la **suspensión llena**, puede tener dos modalidades:

1. Sana, natural, gozosa. La persona sabe afirmarse, concentrarse y elevarse. Es una manera de decir: voy hacia lo Superior, ahí me quedo, en silencio, más allá del tiempo y el espacio, y reposo en ello. Es un momento de contacto con planos universales de consciencia, con aquello inmóvil y eterno. Es un momento para sentirse plenos, llenos del Sí Mismo. Podríamos decir que así se manifiesta la respiración en meditación. En cuanto al arte de la ayuda, esta conexión facilita que tal arte fluya pleno, con consciencia de un plano espiritual sereno de fondo.

2. Forzada, rígida, reteniendo el aire por la fuerza. La persona tiene dificultad en soltar, se queda adherida a lo que tiene, incluso cuando eso lo daña o le hace

mal. Está llena, asustada, inhibida y paralizada, como si creyera que tiene que enfrentarse siempre a un enemigo, y para ello sería bueno concentrar fuerzas. Tiende a quedarse en situaciones que no le sirven, a quedarse con cosas inútiles. En cuanto al ayudador, no le es posible entregar con generosidad; más bien retiene con avaricia. El ayudado, por su parte, está tan lleno que hay poco espacio para que entre algo nuevo.

3. Cuando la apnea llena es inexistente, indica una posible dificultad en confiar en dimensiones que van más allá de lo personal. En el plano psicológico, señala una limitación al utilizar lo que se toma. El aire se exhala inmediatamente sin los beneficios físicos y psicológicos del instante de plenitud de oxígeno y energía. Es un deshacerse prematuro de la energía, de lo que se tiene y sirve. En cuanto al ayudado, no sabrá retener lo recibido, asimilarlo, hacerlo propio. Y en cuanto al ayudador, esa ausencia de pasaje por su centro inmóvil y silencioso, lo arroja a la acción sin un sostén profundo.

La relación con el *vacío*

Si existe **la suspensión vacía,** puede tener tres modalidades:

1. Sana, gozosa y natural. La persona es capaz de estar dentro de sí, profundamente en paz, sabe vaciarse y quedar receptiva para acoger dentro de sí fuerzas y energías más sutiles. Es el momento de recogimiento, de vaciamiento, es hacer lugar para ser llenado desde lo Alto en todos los niveles, con nuevas intuiciones y energías. Quien respira de esta manera será capaz de ser ayudado porque sabrá vaciarse para recibir lo

nuevo; y como ayudador, al gozar del vacío, podrá ayudar desde su visión transpersonal[27] , hacer lo necesario, sin esperar recompensas ni resultados.

2. Forzada, apretada, demasiado larga. La persona desea quedarse dentro de sí, sin contacto con el mundo, alejada del mundo. No quiere inspirar, evita el tomar y prolonga su soledad. El ayudado padece una especie de autismo, de rechazo al mundo y a sus contenidos; desea estar vacío, lo cual impide que la ayuda le llegue. El ayudador, por su parte, tiende a retraerse en soledad, impedimento éste para que su acción salga al mundo. No te quiero, quiero estar solo, quiero la nada, serían las palabras. Llegando al extremo podríamos decir que hay un no a la vida, un no quiero vivir, a diferencia de la retención alta, llena, donde hay un no a la muerte, un no quiero morir. Ambos no, a la vida y a la muerte, son básicamente lo mismo.

3. Cuando la apnea vacía es inexistente, indica el miedo al vacío, a la soledad, a la muerte. Es el miedo al mundo interno sin movimiento. El ayudado rechaza la ayuda porque no sabe crear el vacío, el espacio donde esta ayuda pueda penetrar. Para el ayudador, esta incapacidad de interiorización, de silencio, impide la relajación de los contenidos de la personalidad, el vacío creativo desde donde pudiera surgir lo nuevo. Y la verdadera ayuda renovadora nace del silencio de lo viejo.

MOVIMIENTO SALUDABLE

¿Cómo sería entonces una respiración sana y libre?

---

[27] Transpersonal: enfoque filosófico de una psicología que apunta a que los seres humanos trasciendan el sentido individual o personal y logren acceder a una conciencia mayor.

Dejamos entrar al mundo dentro de nosotros al inspirar, nos elevamos y nos llenamos con lo Superior en la suspensión llena; luego damos todo lo que tenemos, nos expresamos en el mundo, soltamos todo lo que no necesitamos, en la espiración; y nos quedamos en silencio, vacíos, humildes esperando recibir lo Superior dentro de nosotros, en la suspensión vacía. Nuevamente inspiramos el mundo, lo asimilamos, nos enriquecemos con él, para quedarnos llenos y silenciosos y luego desapegarnos de todo, entregar y quedar vacíos nuevamente. Este ciclo respiratorio es el juego de dar y recibir en el mundo, y de permanecer —lleno y vacío— en los momentos inmóviles, preludiando el vaciarse y el llenarse.

De modo que la respiración nos podría enseñar a nacer y morir en cada ciclo de inspiración-espiración. Veintidós mil veces son más o menos la cantidad de respiraciones que hacemos en un día; de modo que tenemos veintidós mil posibilidades cada día, de nacer, de empezar de nuevo, de llenarnos de vida y del mundo al inspirar, y de morir, de vaciarnos, de quedar limpios para llenarnos de lo nuevo al espirar. Este es el mensaje profundo que nuestra biología nos ofrece, a cada instante, si la dejamos operar libremente sin interferir.

Esta lectura simbólica de la respiración que proponemos, apunta a comprender un poco mejor y a integrar en nuestra consciencia la estrecha unidad que hay entre el cuerpo físico y los otros niveles de nuestro Ser. *Así como arriba, así abajo; así como en el cuerpo, así en el alma.* De modo que armonizar la respiración es también un modo de armonizar nuestra vida psíquica, y al armonizar nuestra vida psíquica, actuamos al mismo tiempo sobre el cuerpo físico y sobre la existencia en sentido amplio.

CAPÍTULO 7

DINÁMICA DEL VÍNCULO AYUDADO-AYUDADOR

LA INTERDEPENDENCIA y la interdeterminación son características de las relaciones no sólo humanas sino de las relaciones entre todos los seres del Universo. Muchos han comprendido y transmitido la idea de profunda interconexión entre las cosas, los procesos, los fenómenos. El llamado "efecto mariposa" alude a que todo acto, por más pequeño o ínfimo que sea o parezca, tiene su efecto más cerca o más lejos en el tiempo y/o en el espacio: *el aleteo de una mariposa aquí, puede determinar un movimiento de olas allá.* Y también las tradiciones espirituales y la física cuántica nos ilustran acerca de estos conceptos. Nos vamos a inspirar en esta visión de interconexión sutil entre las partes del todo y así observar la relación de ayuda desde este punto de vista.

SOMOS SERES INTERDEPENDIENTES

Como seres humanos dependemos de la ayuda de otros. No hay manera de sobrevivir en ningún plano, material, emocional o mental, de no haber otros con quienes interconectarnos, de quienes recibir el alimento, el soporte emocional, el lenguaje, los estímulos para desarrollar nuestros recursos internos.

Aunque hablamos de ayudado y ayudador, éstos son dos momentos, dos aspectos, sólo artificialmente separables, en el vínculo entre las personas. Lo fundamental es comprender la interdependencia existencial y la interdeterminación inherentes al par compuesto por ayudador y ayudado.

LOS EXTREMOS SE TOCAN

Dice el Kybalion[28] en el principio de polaridad: *Todo es doble, todo tiene dos polos; todo, su par de opuestos; los semejantes y los antagónicos son lo mismo; los opuestos son idénticos en naturaleza, pero diferentes en grado; los extremos se tocan; todas las verdades son semiverdades; todas las paradojas pueden reconciliarse.*

Podemos utilizar el símbolo del TAO[29] para ver la inseparable comunión entre los dos polos de la energía.

En el gráfico del ying-yang se ve una unidad constituida por dos círculos, uno blanco y otro negro, que no casualmente tienen en su centro un punto del color opuesto. Significa que en el interior de cada uno de ellos se halla el otro. Asimismo, el blanco y el negro son fácilmente reconocibles como diferentes. En efecto: no estamos hablando de un gris, sino de un blanco y un negro que juntos hacen la Totalidad.

Así es como el ayudador y el ayudado también constituyen una unidad con dos extremos bien diferenciados, y puede descubrirse en el interior de cada uno de ellos,

---

[28] El Kybalion, EDAF

[29] **Tao**, de la antigua filosofía china, significa algo así como el camino o el método.

la energía del opuesto. Hemos ya dicho también que Ayudador y Ayudado son dos lugares de un mismo movimiento en el cual el ayudador recibe ayuda en el mismo momento que la da y el ayudado da cuando recibe.

Colaborar con "lo otro"

De la misma manera en que dependemos de la asistencia de otros para poder desarrollarnos, también necesitamos colaborar con "lo otro" para poder crecer. *Lo otro* podrán ser seres humanos, plantas, procesos, instituciones. Quien no colabora con el mundo, de alguna manera, pierde parte del sentido de la existencia, de su humanidad. Esta contribución es Ayuda y es un proceso de beneficio mutuo: no sólo sirve a los otros, sino principalmente a quien se está brindando, porque de esa manera se realiza como ser humano.

"Todo lo que doy, a mí mismo me lo doy" reza el Curso de Milagros[30].

Como hemos dicho en capítulos anteriores, para poder ayudar, primero tenemos que haber recibido y tomado. Sólo entonces sentimos la necesidad y la fuerza de ayudar a otros. Quien recibió de otros lo que desea o necesita, se siente agradecido y quiere retribuir la ayuda recibida. Se hace consciente de la necesidad de ayudar. Porque es en relación con el otro que podemos reconocer quiénes somos existencialmente; y es en nuestra actuación en el mundo donde nos podemos realizar como seres humanos concretos, expresar el Ser que somos.

Lo que primeramente hemos recibido es la vida misma, a través de nuestros padres. Y durante toda nuestra corta o larga vida, permanentemente seguimos recibiendo ayuda.

[30] "Un Curso de Milagros", Ed.: Foundation for Inner Peace, USA.

La ayuda es un alimento. El alimento no sólo es la comida; también lo es el aire que respiramos, las impresiones que tomamos. En efecto: el tipo de vínculo que establecemos con los otros, con el conocimiento, con el arte, constituye alimento. Si pertenecemos a un ambiente de violencia, nos nutrimos de violencia; si somos violentos, esparcimos en el mundo nuestra violencia. Si generamos aceptación y reconciliación, eso irradiamos junto con el aire que se respira a nuestro alrededor. Cualquier pensamiento o sentimiento que vivimos, se irradia y se convierte en alimento para el mundo. Las impresiones que generamos y que nos rodean, son un alimento más invisible pero más potente que los visibles, porque nos penetran y los irradiamos, queramos o no, sepamos o no.

¿Qué es lo que estamos alimentando en nuestras vidas?

Un Viejo cacique de una tribu estaba teniendo una charla acerca de la vida con sus nietos. Les dijo: Una gran pelea está ocurriendo en mi interior y es entre dos lobos. Uno de los lobos representa la maldad, el temor, la ira, la envidia, el dolor, el rencor, la avaricia, la arrogancia, la culpa, el resentimiento, la inferioridad, la mentira, el orgullo, la competencia, la superioridad y la egolatría. El otro, la bondad, la alegría, la paz, el amor, la esperanza, la serenidad, la humildad, la dulzura, la generosidad, la benevolencia, la amistad, la empatía, la verdad, la compasión y la fe. Esta misma pelea está ocurriendo dentro de ustedes, y dentro de todos los seres de la tierra. Lo pensaron por un minuto y uno de los niños le preguntó a su abuelo: Abuelo, dime: "¿cuál de los lobos ganará?" Y el viejo cacique respondió simplemente: EL QUE ALIMENTES.

LA AYUDA MUTUA

Como dice Oscar Adler[31], *cada vez que inspiramos, el universo entero espira dentro nuestro; cada vez que espiramos, el universo entero inspira nuestro aire.* Podemos afirmar, entonces, que en todos los vínculos con todas las cosas, hay una interacción recíproca y una relación de ayuda mutua. De esta manera, la relación de ayuda se plantea como un acto de efectos múltiples y de alcances insospechados.

El acto de la ayuda es un acto supremo que tiene que ver con la fraternidad, la solidaridad y el amor. Decíamos anteriormente que lo que fundamentalmente puedo hacer cuando quiero ayudar a alguien, es acompañarlo en lo que está experimentando. Acompañar es también un arte, y en lo que a la ayuda concierne, es lo más difícil. Como siempre, lo más difícil es lo más simple, o y a la inversa: lo más simple es lo más difícil. Nos cuesta más simplificar que complicar. Es muy común que hablemos de más, que intentemos hacer más cosas, que nos parezca poco lo que estamos dando.

El vínculo ayudador-ayudado puede tener distinto nivel de profundidad, de riqueza, de conflicto, de apertura o de enfermedad, según sea el nivel de Ser[32] de sus miembros y el nivel que adquiere el vínculo que establecen.

---

[31] Oscar Adler: "La Astrología como Ciencia Oculta", ed Kier

[32] **Nivel de Ser**: "El Ser atrae la vida" dice el Sr. Gurdjieff: las personas somos atraídas y atraemos a otras personas, circunstancias, hechos, según nuestro propio *nivel de ser*. Es así que hacemos nuevos amigos y nos alejamos de otros, nos suceden determinados eventos y no otros, según el nivel de vibración de nuestro Ser, generalmente inconsciente.

SER UN ESPEJO

Hay una historia que se cuenta acerca de por qué Dios creó a la mujer. Porque vio que el hombre, si bien bello y perfecto, adolecía de dos defectos básicos: uno de ellos, la tendencia a envanecerse, y el segundo, la ignorancia de sus verdaderos talentos. De modo que para completar la obra de la creación del humano, era necesario un espejo –el otro– que le devolviera su imagen. De esa manera el hombre no podría dejar de ver sus propios defectos ni tampoco sus virtudes, porque los vería en el otro.

Una de las ayudas que podemos brindarnos los unos a los otros es la de ofrecernos la mirada de un espejo. Un espejo puede reflejar mejor cuanto más limpio esté y cuanto más puro sea el material con el cual fue construido. Un acompañamiento será más limpio cuanto más consciente sea la persona que acompaña y cuanto más fielmente pueda devolverle a su acompañado la imagen real de sus valores y potencia. Y ser más consciente implica también saberse sólo un espejo; ni más ni menos. El espejo *no hace* nada, y sin embargo, está allí para que ocurra algo. Por supuesto que nosotros no somos solamente un trozo de cristal; en todo caso, somos un espejo con vida propia, o como el espejo de la madrastra de Blanca Nieves: a veces mostramos lo que el otro quiere ver, y otras veces, justamente lo que el otro *no* quiere ver; o bien descubrimos otras caras que se vislumbran detrás de la aparente. El otro nos muestra nuestras miserias y también nuestras virtudes, que a menudo las tenemos ocultas. Cuando rechazamos algo del otro, hemos de preguntarnos qué es lo que estamos viendo en el otro que rechazamos de nosotros mismos. Y cuando admiramos y envidiamos a otro, preguntarnos por nuestros propios talentos que no reconocemos.

Estar con

Se trata de simplemente estar. Acompañar con presencia, incluso a distancia. Con palabras o sin ellas. Es hacer lo necesario, como decíamos. Y es poner al otro en el centro de nuestra mirada sin dejar de mirarnos a nosotros mismos. Es saber reconocer su existencia, su potencial y sus dificultades, así como reconocer nuestro potencial y nuestras dificultades; y aprender a estar ahí, juntos, dispuestos a acompañar su próximo paso evolutivo, así como él/ella lo quiere y/o necesita. Sin presiones ni imposiciones mutuas. Sin heroicidades. Y saber negarse si no estamos a la altura de lo que se requiere, o no podemos o no queremos hacerlo, o está en contradicción con nuestros valores y nuestra ética.

Tres errores

Uno de los primeros riesgos del vínculo que abordamos, estemos en uno u otro rol, es el de creernos mejores o peores que el otro, en lugar de comprender la profunda y básica igualdad y hermandad entre todos los humanos; comprender que básicamente el vínculo que establecemos es de ayuda mutua.

Cuando nos creemos superiores nos investimos de poder sobre la vida del otro, de su cuerpo, de su alma. Cuando nos creemos inferiores, nos posicionamos bajo el dominio de otro, le otorgamos poder sobre nuestra vida, no asumimos la responsabilidad que nos cabe de cuidado de nosotros mismos. Esta es la distorsión de la potencia. Una enseñanza[33] sostiene que hay tres "pecados"[34]

[33] Inspirado en las enseñanzas del rabino Ruben Nisenboim, Buenos Aires, 2007.

[34] Entendiendo pecado como ignorancia, errar en el blanco.

contra la potencia: la omnipotencia, la impotencia y la prepotencia.

1. **Omnipotencia**: el "pecado de sobredimensionar nuestro poder, de asumir culpas y responsabilidades que no nos corresponden, de desconocer los propios limites, de creernos más fuertes o capaces de lo que realmente somos.

2. **Impotencia**: el "pecado" de escatimar nuestro poder, de depositarlo en otro ser humano tan falible como nosotros, de tomar sus palabras como ley indiscutible y sacrosanta y permitir que nos domine, renunciar a nuestra potencia, ceder nuestra responsabilidad, creernos más débiles de lo que verdaderamente somos.

3. **Prepotencia**: el "pecado" de creernos con derecho de imponer nuestra voluntad a los demás avasallando la suya, de creer que es justo dominarlos, sojuzgarlos y hacer valer nuestra fuerza sobre ellos, de vivir como si nuestros deseos fueran órdenes que otros deben obedecer, de pretender que nuestras palabras sean las únicas verdaderas y que no pueden ponerse en duda, de subestimar cualquier otra razón que se oponga a la nuestra.

Estas distorsiones de la *Potencia* se presentan frecuentemente en el vínculo ayudador-ayudado, y las seguiremos explorando en los capítulos siguientes.

En el proceso del encuentro y despliegue del vínculo entre las personas, se van desarrollando ciertos recursos y cualidades en ambos participantes, con los cuales la relación de ayuda se enriquece, y sin los cuales se empobrece. De las actitudes que empobrecen y de las cualidades que enriquecen hablaremos próximamente.

La propuesta presente en todo este texto es la de cultivar la actitud que nos permita estar con el otro, recibir al otro tal cual es, sin juicio, sin prejuicios. Respetar la experiencia del otro tal cual es, no interrumpirla, no juzgarla ni interpretarla. Esta capacidad así entendida, de estar con el otro, deviene una verdadera curación y regeneración para ambos participantes de la relación.

En los próximos capítulos trataremos separadamente ambos roles, ayudador y ayudado, sabiendo siempre que son inseparables, que cada uno de ellos determina y es determinado por el otro, que el vínculo entre ambos es algo nuevo y distinto, que influye tanto en la transformación del Todo como en la de sus partes.

Capítulo 8

El ayudado

En este tratado, que está dirigido especialmente a los ayudadores, comenzaremos por indagar más profundamente el lugar del ayudado, ya que, como hemos dicho, quien no ha sabido tomar, no sabrá dar. Ningún ayudador puede serlo si no es capaz de ponerse también en el lugar de ayudado: es decir, si no ha sabido pasar por la experiencia de tomar la ayuda, agradecerla, y compartir su aprendizaje con los otros.

El arte de tomar la ayuda

Llamamos "El ayudado" a aquel que se coloca en el lugar de recibir, del que está dispuesto a cambiar, a aprender, a curarse. Es el que está en el lugar del que necesita algo, y lo pide y se puede ubicar en el centro de la atención del otro para recibir lo que necesita. Para aceptar la ayuda es necesario contar con humildad, apertura y reconocimiento del poder del otro y del propio. Dejarse tocar profundamente por el otro, sea físicamente en el caso de un masaje o una operación, por ejemplo; emotivamente para percibir la resonancia y permitir el fluir de los sentimientos; o mentalmente para lograr que se abra nuestra visión y se haga más claro el panorama.

Dejarse ayudar es saber dejar entrar al otro dentro de sí y responder a su influencia con creatividad propia. No es, por lo tanto, una actitud pasiva sino también y principalmente, activa y responsable, como ya hemos dicho en otras oportunidades.

Podríamos usar la siguiente metáfora: aceptamos la fecundación y desencadenamos dentro de nosotros un proceso de creación individual en respuesta a la fecundación.

Asimilar, digerir, hacer propio, responder, crear, expresar, serían palabras que podemos asociar al lugar del ayudado.

Así, también es un arte el ser ayudado.

¿Quién me ayudó en la vida?

Te proponemos una reflexión guiada: el ejercicio consta de 3 tiempos.

1. Para empezar, haz una primera lista espontánea, sin orden cronológico, de las personas que más te ayudaron en la vida. Y luego haz otra lista, en orden cronológico, de las personas que recuerdas que te ayudaron en las distintas etapas de tu vida, durante los primeros 7 años, y así yendo de 7 en 7, hasta tu momento actual. ¿Quién te ayudó desde tu nacimiento hasta tus 7 años? ¿Y de los 7 a los 14? Y así sucesivamente. No es necesario que escribas demasiadas personas por etapa, ni que seas muy minucioso. Luego, cuando hayas completado las dos listas, sigue leyendo para continuar el trabajo.

2. Escribe, al lado de cada persona mencionada y listada:
* De qué manera te ayudó esta persona.
* Por qué consideras que fue ayuda.
* Cómo o por qué te sirvió.

Saca tus conclusiones sobre qué es lo importante para ti respecto de la ayuda.

3. Queremos proponerte otras preguntas, cuya respuesta puede aportarte una mayor elaboración del tema:

* ¿Cómo está distribuida la ayuda que has recibido respecto a los sexos: ¿has recibido más de mujeres o de varones? ¿Tiene esto algún significado para ti?

Para algunas personas hay mucha diferencia respecto de cuánto y cómo han recibido ayuda de los distintos géneros. A veces se observa que la ayuda recibida del varón tiene características de guía, o sostén, y la ayuda recibida de la mujer, de nutrición o protección. O todo lo contrario. ¿Cómo es para ti? ¿Cómo se relaciona esto con aquello que recibiste de tus padres? A veces también se observa largo tiempo de recibir ayuda más de un género que del otro. ¿Puedes observar en tu historia y ver cómo sucedió y de qué dependía? Si has recibido muy poco de uno de los géneros, ¿puedes relacionarlo con tu historia familiar? ¿Y con tu problemática actual con ciertos vínculos? El abordar este tema puede resultarte útil para la comprensión de tu relación con el varón y la mujer.

* ¿Hay algunos períodos de tu vida en los cuales recibiste más ayuda que en otros?

Hay momentos y etapas en las cuales uno está muy abierto para recibir ayuda, y un cierto tipo de ayuda, y otras etapas en las cuales está digiriendo lo recibido, o cerrado al mundo externo por algún motivo. Observar en tu vida este aspecto puede ayudarte a reconocer esta oscilación entre recibir y digerir lo recibido, y cómo es tu ritmo de elaboración.

* ¿Cómo te encuentras en este momento respecto a los ayudadores de tu vida? ¿En paz, en conflicto, en contacto?

Con esta pregunta puedes explorar qué es lo que te sucede respecto de la gratitud, la entrega, el apego, el resentimiento y el perdón, la distancia forzada que a veces ponemos con quienes nos ayudaron para poder separarnos de ellos, por ejemplo. Si bien constituye una buena resolución la de estar en paz y agradecidos para con quienes nos han ayudado, también es una valiosa parte del camino reconocer con sinceridad cuál es nuestra situación interna, la verdadera, no "la ideal" o ilusoria: **aceptar la que es,** aunque no sea muy agradable. A veces nos imponemos un decreto, por ejemplo, de perdón o gratitud, que no se corresponde con nuestra real posibilidad y simplemente constituye una pretensión falsa. Si nos damos cuenta de que hemos quedado resentidos, por ejemplo, ello puede abrirnos a la necesidad de aclarar algún tema, a facilitar un encuentro con alguien para conversarlo, u otra acción oportuna. Darnos cuenta de que nos quedamos apegados y sin poder tomar distancia de quienes nos ayudaron en un momento, o de que por motivos nimios a veces estamos imponiendo una distancia, puede llevarnos a destrabar alguna situación pendiente, que como tal, pesa en nuestra conciencia.

Las interferencias para recibir ayuda

Es interesante observar que, aun cuando aparentemente pedimos ayuda, y se supondría que la necesitamos y la queremos recibir, muchas veces no nos es fácil tomarla y hacerla propia. ¡Qué ironía!, ¿verdad? Por eso describiremos algunas actitudes y conductas que, de cualquiera de las dos partes, dificulta, evita o distorsiona la ayuda real.

Hablaremos ahora de las interferencias del ayudado. A estas interferencias las llamamos también "trampas", ya que se constituyen como zancadillas con las cuales tropezamos en el proceso de la ayuda.

Decimos que el ayudado "hace trampa" cuando hace un falso pedido de ayuda, o sea, no la quiere aunque la pida o bien no da el paso necesario y activo para tomar lo que se le da, no se apropia de lo que recibe y no actúa en consecuencia. Y esta resistencia a la ayuda, al crecimiento, puede tomar diversas formas, algunas de las cuales describiremos a continuación.

Ubicarse como niño pequeño

El ayudado busca protección y consuelo y tiende a rehuir la responsabilidad respecto de su vida. Podemos verlo en miles de pequeños detalles donde podemos reconocernos; por ejemplo, al confiar por completo en la palabra del médico, del abogado y hasta del plomero! Hay una actitud infantil, una especie de confianza ciega que a veces viene de la inseguridad en el propio criterio, de la pereza para activarse, de la ilusión de que los otros son grandes y saben y por lo tanto uno se puede desentender y delegar. Nace así una tendencia a depender totalmente del otro para tomar decisiones. El dicho popular "la salud es demasiado importante como para dejarla en manos de los médicos", o "la economía es demasiado importante como para dejarla en manos de los economistas" y así sucesivamente, seguramente ironiza respecto de la tendencia infantil o cómoda de los adultos, a depositar su vida en manos de otro ser humano, que por lo demás es tan falible como él mismo.

Somos "niños" cuando nos "dormimos" creyendo que estamos protegidos por otros, que el otro se interesará por nosotros y por nuestro bien mejor que nosotros mismos; le entregamos nuestro discernimiento y nuestra percepción; imaginamos que ser guiados por el otro es lo mejor que nos puede pasar. Sin embargo, lo que en verdad ocurre es que perdemos nuestro poder y dignidad a cambio de un beneficio ilusorio que finalmente nos deja frustrados.

Guía para una reflexión

Observar en nosotros mismos esta tendencia a jugar un papel infantil, y descubrir otras situaciones en las cuales nos ubicamos como niños, ya sea intencionalmente o sin darnos cuenta; prestar atención al tipo de poder que deriva de ser niño y el que deriva de ser adulto. Registrar el sabor interno que nos queda luego de actuar de una o de la otra manera. Por ejemplo: reparar en cómo nos sentimos cuando obtuvimos algo gracias a una rabieta, y cómo cuando formulamos un pedido franca y directamente.

Intentar complacer

El ayudado trata de seducir y agradar a toda costa. Por distintos motivos u objetivos, por vanidad o por miedo a que el ayudador lo deje o se enoje, por comodidad o deseo de evitar el conflicto, el hecho es que el ayudado intenta complacer al otro. Simula un acuerdo que no comparte, da la razón al ayudador aunque no lo crea, responde como si fuera valioso lo que ha recibido aunque no lo sienta. Está imposibilitado interiormente para pensar y actuar con sinceridad, para plantear lo propio. Trata de apaciguar a la autoridad, de "comprarla" con halagos, sumisión y obediencia. Así es evidente que no puede tomar lo que necesita, pues en primer lugar está su necesidad de ser aprobado y todas sus otras necesidades quedan supeditadas a ella.

Guía para una reflexión

¿Reconoces en ti algo de esta actitud? ¿Puedes reconocer si tratas de complacer a quien te está ayudando? ¿Por cual motivo crees que lo haces?

Traer todo "cocinado"

El ayudado necesita demostrar su inteligencia, o su autonomía. Pero sobre todo necesita cerrarse a potenciales nuevas ideas o maneras de mirar, como si el equilibrio logrado fuera tan frágil que no se permite dejar entrar nada nuevo que pueda alterarlo. El paciente trae a la terapia todo elaborado, casi sin dejar un resquicio donde pueda aparecer algo que le desordene el cuadro que se ha hecho; lleva al médico todos sus síntomas aprendidos en Internet e interpreta su enfermedad mejor que el médico; el alumno se presenta con todo aprendido y poco espacio para aprender algo nuevo. Es una *contra dependencia* con la cual se trata de ocultar la gran dependencia que se vive dentro. Hay también una incapacidad de confiar de verdad en el otro, de ser heridos o mal guiados, y que puede convertirse en una obsesión por controlarlo todo.

Guía para una reflexión

¿Reconoces en ti algo de esta actitud? ¿Puedes ver otras motivaciones para "llevar todo cocinado" a tu terapeuta, médico, profesor, grupo de estudio, de colegas u otros?

Mentir y enmascararse

A veces la persona va en busca de ayuda con una máscara puesta, como si tuviera que esconder algo. No logra sincerarse, necesita representar una y otra vez el mismo papel, de empresario exitoso por ejemplo, o de madre sacrificada, o de mujer libre de prejuicios. Al ocultarse detrás de un rol, el ayudado pierde tiempo y no recibe la ayuda que necesita. Nunca es la máscara la que necesita ayuda, en tal caso se necesita ayuda para quitársela. Y, en efecto, ello sucede, a veces lentamente, a veces de golpe, cuando la persona se abre frente a un grupo, en una sesión de terapia, o con un desconocido charlando en un tren.

Cuando hablamos de mentir, no nos referimos sólo a decir mentiras obvias o a decir cosas que no son verdad. Otra de las formas que tiene la mentira, es cuando hablamos de ciertas cosas como si supiéramos, cuando damos opiniones sin saber, cuando pretendemos tener "LA" verdad. También mentimos cuando exageramos, haciendo que nuestra vida parezca más dramática e importante o cuando negamos lo que hay. Y cuando hablamos con absolutos: "siempre", "nunca", o cuando decimos "yo nunca miento".

Guía para una reflexión

¿Reconoces en ti algo de esta actitud? ¿Cómo y con quién mantienes máscaras protectoras? ¿Qué te mueve a mentir y crear un personaje lejano de tu verdad?

Ubicarse como víctima

Este tema lo desarrollaremos mejor en el próximo capítulo, sobre el ayudador. Aquí podemos señalar que es muy común que el ayudado se coloque en el lugar de "pobre de mí", o "yo hago todo bien y mira lo que me pasa". La ganancia de ponerse en víctima, cuando el otro "se lo cree", es imaginar que no somos responsables, y que la culpa es de los otros. Y por lo tanto el mundo está en deuda con nosotros, y nosotros no somos responsables de nada. Esta dinámica debe ser primeramente descubierta para poder acceder luego a una ayuda real, en la cual quien busca ayuda, pueda sentirse simultáneamente necesitándola y digno de recibirla.

Guía para una reflexión

¿Reconoces sentirte o "hacerte" un poco la víctima? ¿Con quién? ¿Respecto de qué? ¿Qué es lo que esperas obtener con ello? ¿Lo obtienes?

No escuchar

Es curioso cómo muchas veces pedimos compañía o ayuda y cuando éstas llegan –probablemente de manera diferente de la esperada– no las queremos aceptar. No nos dejamos acompañar; aparentemente queremos otra mirada pero cuando se nos presenta, la rechazamos y volvemos a confirmar una y otra vez la propia versión.

Es el temor a abrirse de verdad al otro. Una nueva opinión, una nueva relación, nos obliga a cambiar, a re-posicionarnos en la vida. Y esta trasformación no es fácil; implica a veces todo un movimiento concreto de separaciones, definiciones, compromisos, que nos asustan por su dimensión; entonces sucede que abrimos la mano para pedir pero la cerramos cuando algo está llegando a ella.

Guía para una reflexión

¿Te reconoces en algún aspecto de esta actitud? ¿En tu miedo a escuchar lo que no quieres oír? ¿Cuándo? ¿A quién estás rechazando *hoy*, que te quiera ayudar o que esté dispuesto a darte una mano?

Confundir y confundirse

Hay en el ayudado una intención –inconsciente la mayor parte de las veces– de confundir y de confundirse. Parece raro, ¿verdad? Uno va al médico, al psicólogo, al profesor, con la intención de escuchar, curarse, aprender, entonces, ¿cómo es que vemos tan frecuentemente esta actitud en el ayudado? Nuevamente es el miedo a ver claro, a tener que enfrentarse con su realidad y actuar en consecuencia. La "técnica" es, a veces, una excesiva elucubración, innumerables interpretaciones que aparecen como torrente y que confunden, o entretienen, desviando la atención a temas laterales, lo cual inhibe la capacidad de focalizar lo temido. Otra "técnica" para confundir, es hablar mucho, contar muchos detalles, de modo que los contenidos temáticos son periféricos y tangenciales, confundiéndonos respecto de cuál es el problema que estamos tratando de enfrentar.

Guía para una reflexión

¿Reconoces en ti estas maneras y/u otras de confundirte y confundir? ¿Qué es lo que buscas con ello? ¿Cómo te sientes luego?

Competir

En vez de confiar y entregarse concientemente, el ayudado entra en un juego interno donde trata de probar y probarse que es mejor que el ayudador. Lo ve como a un enemigo, o un contrincante; y en esa lucha, muchas veces oculta para ambos, se pierde la capacidad de abrirse y sentir cercanía necesaria para que fluya la ayuda. En vez de tomar lo que le sirve y desechar lo que no, establece una contienda en la que debe haber un ganador y un perdedor. Es muy difícil competir con amor, y es imposible ayudar sin amor; y el ayudado, a veces con la complicidad inconsciente del ayudador, ocupa mucho tiempo y espacio en una dinámica para determinar quién es mejor, con la consecuente sensación de frustración para ambos.

Guía para una reflexión

¿Cuándo y con quién de tus ayudadores has entrado en competencia? ¿Recuerdas si tu manera de competir era abierta o solapada? ¿Cuál fue, o es, el efecto en ti, de competir con alguien de quien esperabas o esperas ayuda?

Impotentizar

Esta es una trampa más habitual de lo que podríamos creer. Se trata de la persona que va jugando a eliminar ayudadores o terapeutas, uno tras otro, como si lo que necesitara fuera probar, con todos los medios a su alcance, que el ayudador no es el apropiado, no puede, no sabe, se equivoca. Invierte su energía en demostrar lo pobre, lo inadecuado, lo inoportuno, de la ayuda recibida. Es una forma de decir "a mí nadie me puede ayudar" y de instalarse en ello como en una fortaleza. Hemos visto a personas que lo decían con orgullo, como si el ser "inayudable" fuera un mérito o se alegrara de demostrar cuán estúpida es la humanidad.[35]

Guía para una reflexión

¿Reconoces en ti la tendencia a impotentizar al otro, sobre todo en una relación de ayuda? ¿Cuáles te parecen que son tus motivos ocultos para hacerlo? ¿Puedes ver qué es lo que ganas y qué lo que pierdes con esta actitud?

Reflexión sobre las interferencias en general

En realidad todas estas actitudes son variantes de lo que hemos dicho antes: esquiva la ayuda aunque la pida; cuando la recibe no la ve, no la toma, la rechaza; se cierra a nuevas comprensiones, evita hacerse cargo de sus acciones, sentimientos y pensamientos, delega en otro la responsabilidad sobre su propia vida. Por supuesto que muchas, si no todas estas actitudes, suelen ser total o parcialmente inconscientes. Acá no las diferenciamos por el carácter de consciente o inconsciente de su motivación sino por sus efectos. Luego aclararemos mejor este enunciado.

Cuando el ayudado cae en estas trampas, sucede que, luego de atravesar este tipo de proceso de ayuda, se paraliza en lugar de avanzar. Quizá profundice su desconfianza

[35] Quizá se trate de "los que fracasan al triunfar", de los que habla Freud para describir aquellos pacientes que no pueden beneficiarse con el tratamiento psicoanalítico.

respecto de la ayuda, o bien se instale en una ilusión, se pertreche en una opinión o persista en un vínculo tóxico, creyendo que ha logrado algo cuando sólo se ha desviado de la ruta que lo llevaría a ser ayudado de verdad.

Estar en una relación de ayuda sin abrirse a ella es causa y consecuencia de una visión distorsionada de los vínculos y de su potencial. Por eso queremos recalcar la importancia de saber dejarse ayudar.

Parece más natural que el ayudador debe aprender a ayudar, mientras que el ayudado "nace sabiendo". Y en un sentido es cierto: nacemos sabiendo pedir lo que necesitamos, llorar, gritar, patalear hasta conseguirlo o caer exhaustos, y sonreír agradeciendo lo recibido. Esta es la experiencia del niño pequeño, que todos hemos atravesado porque de otra manera no hubiéramos sobrevivido. No indagaremos aquí acerca de por qué luego perdemos esta capacidad de ser nutridos, de satisfacernos con lo que se nos da, y de agradecer; pero sí nos detendremos a señalarlo, para tomar consciencia de nuestra particular situación en relación a esto, y para aprender a ser ayudados y entrenar las cualidades que se manifiestan cuando sí podemos ponernos en ese lugar con la actitud correcta.

En este punto surge indefectiblemente la intrínseca conexión entre las cualidades del ayudador y el ayudado, dado que es intrínseca la conexión de estos dos polos en la relación de ayuda. Pero en este apartado nos dedicaremos a señalar las características más significativas del lugar del ayudado.

Cualidades del Ayudado

Retomemos la descripción del niño pequeño que siente la carencia –de alimento, de limpieza, de calor–, y clama por ella. En ese clamor hay una **confianza** básica en la Vida, de que algo o alguien vendrán a colmarlo o a aliviar su dolor. Si esa confianza no existe o se pierde, el niño dejará de pedir e incluso se dejará morir. Quienes hemos sobrevivido no hemos perdido del todo esa confianza de que algún día, en algún lugar, llegaremos a obtener lo que necesitamos. Pero cuando alguien nos quiere brindar su mano, ¿estamos allí para recibirlo? ¿Somos capaces de descubrir que nos ha llegado la ayuda? ¿Tenemos la cualidad de la **adaptación** para aceptarla tal cual nos llega? ¿O no la vemos porque no llega bajo la forma que esperábamos? ¿Seguimos buscando, desesperando y rechazando lo que sí llega?

Y también es necesario el **contacto con nosotros mismos**, para registrar nuestras verdaderas necesidades, más allá de las apariencias.

De ahí la importancia de la **humildad**; por un lado, para aceptar con sinceridad nuestro estado real, nuestras posibilidades, nuestras auténticas necesidades, y por otro, es la humildad la que nos permite aceptar lo que viene, aunque sea distinto de lo que yo esperaba que viniera. Dicen que Buda comía lo que caía en su plato. Si caía alegría, comía alegría; si caía tristeza, comía tristeza; si no caía nada, pues aceptaba la nada. ¿Somos capaces de comer lo que cae en nuestro plato?

Es importante también reflexionar sobre el pedido de ayuda. Y sobre cuál es un pedido adulto. A diferencia del pedido del bebé, que es más indiscriminado e indiferenciado, el pedido adulto requiere la capacidad de **discriminación**: ¿estoy pidiendo manzanas a un peral? En ese caso podré pedir toda la vida sin obtener lo que deseo.

Desarrollemos un poco esta imagen: deseo una manzana y me encuentro frente a un peral. Traduzcámoslo a los vínculos entre las personas. Por ejemplo: deseo comunicarme y dialogar y me encuentro con que mi pareja está hace años instalada en el mutismo.

¿Qué es lo que puedo hacer en ese caso? Porque aunque el peral se esfuerce, nunca podrá darme manzanas. Puede intentarlo, a consecuencia del miedo a que yo lo deje y me vaya a buscar manzanas a otra parte, o a consecuencia de su sentimiento de culpa, o de su deseo de cambio. Quizá me prometa que un día podrá darme manzanas. O tal vez quiera hacerme creer que son manzanas lo que me está dando, o yo trate de engañarme creyendo que las peras se parecen a las manzanas. ¿Cuánto tiempo de vida estoy dispuesto a pasar esperando, pidiendo, engañándome, conformándome, protestando?

Puedo quedarme por años enojándome, frustrándome cada vez más, prefiriendo creer que el otro no quiere cuando en realidad no puede, o que no puede cuando en realidad no quiere. ¡Quizá no está en su índole, en su posibilidad o ni siquiera en su deseo o en su menor intención! En ese caso ¿tengo derecho a reclamar manzanas al peral? ¿Y de qué me sirve el reclamo?

Entonces, ¿por qué sigo allí? ¿Por qué no me voy? Quizá tema dejar el famoso peral, porque al fin y al cabo no da manzanas pero sus ramas me dan sombra cuando estoy a la intemperie. ¿Y si me alejo del peral, y resulta que no hay manzanos en la Tierra? ¿O no los hay para mí? ¿Si me quedo "sin el pan y sin la torta"? ¿Tengo la fuerza para ponerme en marcha hacia lo desconocido, sin certeza de encontrar lo que busco? ¿Tengo ganas, coraje, energía para hacerlo? En síntesis: ¿de verdad quiero tanto las manzanas como para pagar el precio de la incertidumbre, del esfuerzo, de la soledad?

En cada caso, dejar el peral puede representar dejar algo diferente, un terapeuta, un compañero de años, un trabajo seguro pero insatisfactorio. También puede significar dejar una vieja y consolidada imagen de uno mismo o una ilusión que nos sostuvo durante muchos años. O una opinión, una convicción.

El **coraje** de soltar lo conocido y abrirse a lo nuevo, lo incierto, forma parte del arte de ser ayudado.

También forma parte del arte de ser ayudado, el saber **pedir la ayuda allí donde la ayuda pueda estar,** y aceptarla tal cual viene. Tomar lo que sirve y descartar lo que no.

La **constancia y la paciencia** son otras de las cualidades necesarias. ¿Puedo tomar la ayuda, aun cuando no vea sus efectos inmediatos? ¿Puedo confiar en los procesos? Pues aunque la ayuda sea eficaz, quizá necesite mucho tiempo para digerirla y hacerla mía. Aquí aparece otra valiosa cualidad del ayudado: **la sensibilidad.** Sensibilidad para percibir cambios sutiles, que indican que algo se está moviendo; **confianza** en el proceso de la Vida; **humildad** para aceptar lo que es, por pequeño, corto, sutil que sea. Apreciar un pie que se apoya luego de largos meses de dolor, un instante de espontánea alegría luego de un luto doloroso, una respuesta directa y clara ahí donde había confusión y evasión. Reconocer estos pequeños movimientos es percibir que ha ocurrido un proceso de ayuda.

Sea que esta ayuda se perciba como viniendo de afuera, de un amigo, de un terapeuta, de un libro, o se perciba viniendo desde dentro, siempre será nuestra actitud con respecto a esa ayuda lo que nos transforme.

Y por último, y casi lo fundamental, la gran cualidad por excelencia del ayudado, como del ayudador, es la **gratitud**. La capacidad de tomar todo lo que nos llega como un regalo, no porque nos corresponde, no porque lo merecemos, sino porque tenemos la suerte de que se nos ofrezca, de saber percibirlo, de haber aprendido a tomarlo y también tenemos la suerte de poder agradecerlo.

Todas estas virtudes que hemos señalado como necesarias para el ayudado, no tienen el objetivo de apabullarte con exigencias, más bien intentan estimularte a que participes de esta comprensión que queremos compartir: si estás leyendo estas páginas, si estas vivo y trabajas, si has tenido una pareja o aún la anhelas, si has estudiado, si tienes amigos, si amas las plantas o los animales, es que has sabido recibir y tomar ayuda. El arte de ser ayudado lo hemos puesto en práctica todos, poco más o poco menos; y además, como decíamos en las primeras páginas, todos podemos desarrollar un arte si lo ejercitamos.

Guía para una reflexión

¿Reconoces en ti las cualidades citadas desde el lugar de ayudado: *adaptación, contacto contigo mismo, humildad, discriminación, coraje, saber pedir la ayuda donde ella está, constancia y paciencia, sensibilidad, gratitud?*

¿Sientes que esto de "pedir manzanas al peral" se aplica en algún momento de tu vida a uno o más vínculos?

a. ¿Puedes verlo en relación a pedir algo de tu cuerpo, de tu mente, de tu energía, de tu sentir?

b. ¿Puedes destrabar esta trampa? ¿Ya lo has hecho? ¿Qué te lo impide si es el caso?

Capítulo 9

El ayudador

Hemos llamado "ayudador" a aquel que se encuentra en el lugar del que ayuda, que colabora, que se predispone a dar su energía, amor e inteligencia al servicio del otro, para así favorecerlo en su vida.

Como hemos dicho anteriormente, la ayuda es un arte y como tal se puede aprender y entrenar. Hemos dicho también que es natural tratar de ayudar.

Ahora bien: ¿basta con eso? ¿Basta la buena voluntad y la buena intención? La experiencia nos dice que no. Desgraciadamente, toda nuestra personalidad mecánica con su sombra y sus velos se pone en juego, también cuando deseamos y tratamos de ayudar. En el acto de ayudar se pone en juego la concepción de vida del ayudador, su grado de evolución y de ética.

Ejercicio de reflexión

Comenzaremos a abordar el tema proponiéndote un ejercicio para explorar tu manera de concebir la ayuda. Este ejercicio abarca tanto situaciones de ayuda profesional –cuando se actúa como psicólogo, médico, asistente social, educado– como situaciones de la vida cotidiana

–cuando ayudamos a amigos, parientes, vecinos, o desconocidos–, en distintas circunstancias. Lee las preguntas, una por una, cierra los ojos y deja que aparezca ante ti la respuesta. Abre los ojos y escribe. Haz lo mismo con cada pregunta.

Busca en tu historia un intento de ayudar que sientes ha sido satisfactorio para ti (consulta profesional o ayuda a un amigo o desconocido). ¿Cómo fue? (descríbelo). ¿Por qué crees que fue tan bueno?, desde tu lugar, desde el del otro.

Piensa en alguna vez que hayas tratado de ayudar a otro y que no haya resultado, o quizás la consideres tu "peor" acción de ayuda (consulta profesional o ayuda a un amigo o desconocido). ¿Cómo fue? (descríbelo). ¿Por qué crees que fue tan malo, o que no resultó?, desde tu lugar, desde el del otro.

El ayudador y su sombra

Entendemos por **sombra** todo aquello que desconocemos de nosotros mismos, que no reconocemos como propio, que actuamos sin darnos cuenta de lo que estamos haciendo, del acto en sí, de su motivación, o de su consecuencia.

En este apartado nos ocuparemos de describir aquellas actitudes y conductas del ayudador que necesitamos revisar para poder actuar más limpiamente en la relación de ayuda.

Estas actitudes y conductas en las que incurrimos los ayudadores, también son el bagaje de experiencias que nos enseñan. Cuanto más conscientemente las vivamos, más aprenderemos de ellas.

A veces nos horrorizamos cuando nos damos cuenta de "una metida de pata"; otras quizá, logramos sonreír con ternura y comprensión; y también puede ocurrir que nos cueste percibirlas por el dolor que nos produce reconocernos "dormidos". Nuestra intención aquí es describirlas como interferencias, tal como lo explicamos respecto del ayudado, y las llamamos trampas, porque nos atrapan, a nosotros ayudadores junto con nuestros ayudados, en relaciones distorsionadas. Muchas veces la relación de ayuda se desvirtúa en una relación de poder y compromisos, que nada tiene que ver con una ayuda verdadera y libre. Es que en los ayudadores, sobre todo los de profesión, conviven el real deseo de colaborar con el prójimo, con otros deseos compensatorios que trataremos de analizar en estas elaboraciones.

La **trampa** más común para el ayudador suele ser el **creerse superior** al ayudado. Por eso la primera *realización* es la de saberse un par, un igual. El otro puede tener más o menos estudios que yo, puede tener mejor o peor vivienda, puede sufrir de dolores más o menos intensos que los míos; pero básicamente, los dos somos igualmente potentes, igualmente responsables, igualmente humanos. Si el ayudador se posiciona como el que sabe y puede, el que decide qué le conviene al otro, y el ayudado como el que no sabe ni puede, "el que es paciente", la ayuda se desvirtúa en sus valores de compartir, de acompañar, y de respetar la dignidad de cada cual.

Comenzaremos ahora a mirar éste y otros errores, a través de lo que llamamos interferencias o trampas del ayudador.

Guía para la reflexión

Al ir leyendo las siguientes "trampas" en las que puede caer el ayudador, te proponemos que en tu cuaderno escribas algún comentario sobre cada una de ellas.

Si te ha sucedido como ayudador, cuándo, con quién, a dónde te condujo o qué problemas te trajo esta actitud.

Si la has vivido como ayudado, cómo, cuándo, con quién.

En ambos casos, ¿cuáles fueron las consecuencias de esta experiencia para ti? ¿Cuál tu aprendizaje?

Interferencias del ayudador en el acto de ayudar

• **Poner al ayudado por debajo de ti, tratarlo como un inferior, como a alguien más pequeño, incapaz o impotente**

Hay en realidad, varias maneras de tratar al otro como a alguien que es "menos" o más pequeño, que a veces tienen el carácter de dulzura, y otras veces son maltratos y desautorizaciones, tal como lo vemos a diario en el trato a los menores o de un superior a un subordinado. Describiremos algunas:

a. Protegerlo como a un niño pequeño.
Hay un tipo de sentimiento que al ayudador, a veces, le place sentir: una especie de ternura, de benevolencia, de gusto porque el otro se entregue, que esté en sus manos como un niñito pequeño, sentimiento que como también es parecido al amor, engaña al mismo ayudador. Le impide la distancia óptima, queda envuelto en una nube encantadora que le impide discriminar y percibir claramente cuál es la verdadera necesidad del ser humano que tiene enfrente, con toda su dignidad.

Como dice Martín Buber: *el amor no es un sentimiento aunque muchas veces el sentimiento lo acompaña.* Hemos hablado del amor como esencia de nuestro ser; ello es muy distinto de este sentimiento paternal o maternal que puede experimentarse mientras se trata de ayudar.

Esta actitud benevolente es un aspecto de lo que se ha llamado "bondad mecánica": es una bondad automática, que surge de partes mecánicas de nuestra psique, y que, si bien podría considerarse un aspecto del amor, es un sentimiento que parece bondadoso pero que carece de sabiduría.

La verdadera bondad es aquella que percibe el bien del otro, y actúa limpiamente según la percepción de lo que es bueno y necesario en ese momento, aunque parezca duro o poco "amable".

En este desorden es frecuente la actitud exagerada de "contener" al ayudado, que implica no confiar en su potencia, sino creer que uno es el protector que el ayudado necesita. También implica que el otro no es capaz de procesar el dolor, de soportar los choques, conflictos, durezas, que la vida supone. Esto habla de la propia impotencia del ayudador, su fragilidad, que proyecta[36] en el ayudado.

Estar prolongadamente bajo la influencia de un ayudador de este tipo obviamente no facilita el crecimiento del ayudado. El "juego" en el que queda atrapado el ayudado es el de cumplir con la fantasía de quedarse niño para siempre, de "pedir" indefinidamente, y de reclamar el supuesto "derecho" de ser asistido por otro,

---

[36] **La proyección** es el proceso a través del cual creemos que lo que vemos o sentimos, pertenece al otro en quien lo estamos viendo, sin percatarnos de que también nos pertenece. Podemos proyectar lo positivo y entonces vemos fuera cualidades que no encontramos en nosotros, o lo negativo, y entonces vemos lo malo fuera y no lo reconocemos en nosotros.

quien a su vez tendría el "deber" de ayudarlo siempre que él lo requiera o lo necesite.

b. Verlo como pobrecito: tenerle lástima, compasión mal entendida

El ayudador siente algo que podemos clasificar entre compasión y lástima o piedad. Una consecuencia de esta mirada es la tendencia a consolar, acunar, mimar, en vez de promover en el ayudado, el descubrimiento de su potencia, su autonomía, su dignidad. Al tenerle lástima, se ilusiona que su propia situación, cuerpo, estado, es mejor que la del ayudado. Se mira a sí mismo, se compara y siente una especie de agradecimiento por la "buena posición" que él sí tiene y el ayudado no. Piensa que sería mejor para el ayudado tener lo que él tiene o es.

Hace varias noches que Marisa no duerme a causa de su hernia de hiato. Clara va a consultarla, y cuando Marisa la acompaña a la puerta para despedirla, descubre en su espalda una joroba, y piensa: "¡esta joroba es peor que mi hernia!". Marisa misma lo cuenta, reconociendo que con la comparación y la piedad, se consolaba sintiéndose superior.

El ayudador no está teniendo presente que cada situación, incluso la más difícil, es una oportunidad de trabajar y crecer en consciencia; una posibilidad que, bien utilizada, nos abre al autoconocimiento y a la trasformación.

Cuando el ayudador adquiere la consciencia de que cada cual vive aquello que le corresponde; que no hay condiciones "mejores" o "peores" que aquellas que estamos viviendo, se libera de esta trampa.

La visión de "pobrecito" también implica una forma de alianza o halago de la víctima y oposición al victimario, trampa que abordaremos a continuación.

c. Mirarlo como víctima o victimario

El juego de la víctima y el victimario siempre está al acecho.

Creerse víctima es creer que el mundo nos debe algo, que nos ha dado menos de lo que merecemos, o distinto, o peor. Quien está identificado con la víctima, juega a no poder, a no saber, a sufrir pasivamente la fuerza y el poder del otro, del mundo, de la Vida. Se coloca en un solo lugar del péndulo, sin percibir su aspecto victimario. La víctima se siente con derecho a exigir, a través de su dolor, de su enfermedad, o necesidad. Quien se encuentra frente a alguien en el lugar de la víctima, puede caer en el juego de escuchar una sola campana. O bien se sentirá irritado, molesto, si de alguna manera percibe que es un juego, una manipulación. Esta irritación frecuentemente moviliza también sentimientos de culpa: "¿cómo me puedo enojar con él que está sufriendo tanto?".

Por otra parte, cuando alguien sufrió concretamente una violencia o injusticia flagrante, es muy difícil no ver al otro como víctima. Aquí es importante reconocer a la víctima real –un niño, una mujer, un perseguido político, un excluido– en manos de abusadores con poder, y diferenciar esta situación de tantas otras relaciones humanas en las que hay paridad. En el caso de la paridad, ubicarse en víctima es una trampa –inconsciente o intencional– que el ayudador puede detectar y ayudar a conscienciar.

Con todo, en situaciones de guerra, de persecuciones, e incluso en padres o docentes que han abusado de sus niños o alumnos, donde hay claramente un victimario y una víctima del abuso, el movimiento sanador exige una amplitud de mirada[37] para incluir en vez de excluir.

El movimiento mecánico es el de excluir de nuestra consciencia –de nuestro amor y comprensión– al victimario, con lo cual profundizamos nuestra propia escisión y la de quien estamos ayudando.

Así como es común solidarizarse con el ayudado contra el supuesto "malo", también puede suceder que el ayudador sienta simpatía por el contrincante ocasional de su ayudado[38], tomando partido por uno mientras excluye al otro.

Un terapeuta se siente molesto con ciertas actitudes de su cliente, ya que las considera tiránicas y demandantes. En varias oportunidades se sintió manipulado por ella: un pedido que no pudo rehusar aunque sentía que no correspondía, una confusión con el pago que lo perjudicó y no supo resolver. Cuando

[37] BERT HELLINGER, psicoterapeuta que introdujo el sistema de Los Ordenes del Amor y las Constelaciones Familiares, aborda este tema de víctimas y victimarios con la comprensión de que ambos están implicados dentro de fuerzas más grandes que los determinan, y pertenecen al mismo sistema. La solución está en el reconocimiento mutuo, el respeto y el arrepentimiento o la reparación en el caso del perpetrador. Cuando el victimario se hace cargo de sus actos y la víctima lo puede mirar, prevalece la paz.

[38] FREUD describió los procesos de **transferencia y contratransferencia** que surgen en el vínculo entre analizando y analista, como la proyección mutua de sentimientos, vivencias, expectativas. El paciente *transfiere* en su terapeuta emociones o figuras primarias de su historia, en general inconscientes. El psicoanalista utiliza la contratransferencia –detecta sus propios sentimientos hacia el paciente– como un recurso para la comprensión y la interpretación. Fuera del ámbito psicoanalítico, el proceso de *transferir* y *contratransferir* también ocurre, por supuesto, porque es un proceso proyectivo que se da en toda relación humana.

la paciente relata las críticas que le hace su pareja, el terapeuta no puede dejar de sentir que "son ciertas", las aprovecha para "su causa", se alía con la pareja y puede mirar sólo una cara de la moneda. Salir del juego en el que quedó atrapado implica desenmascarar esta dinámica y discriminar la parte que le corresponde a cada quien.

Es fácil para un ayudador caer en esta trampa si él mismo está identificado con la víctima en la vida diaria.

También el ayudador puede sentirse víctima de la falta de reconocimiento del ayudado: "con todo lo que te he dado te vas a otro terapeuta"; o "tanto que me esfuerzo y no "me" responde". Desde este lugar interior podemos sentir enojo con nuestros ayudados y sentirnos siempre en crédito, debilitados, o impotentes.

Ubicarse en el rol de victimario o de víctima es instalarse en alguno de estos dos polos de la misma energía, y moverse desde uno de esos roles hacia el otro, es quedar atrapado en un juego sin perspectivas de evolución. El círculo vicioso de Montescos y Capuletos, de masacres y venganzas, muestra que los lugares de victima y victimario se intercambian fácilmente, perpetúan el conflicto y no resuelven nada. El movimiento realmente amoroso es aquel que permite salir de la trampa de ese juego; la verdadera transformación es liberarse de la dinámica víctima-victimario.

Es necesario que, como ayudadores, nos observemos con atención para ver qué nos sucede cuando nos encontramos frente a un ayudado víctima, y cuál es nuestra actitud hacia el supuesto victimario. Observar si tendemos a ponernos más salvadores que nunca, a sentir pena o desprecio, o a enojarnos y maltratarlo.

¿Reconoces en ti alguna de estas actitudes? ¿Logras percibir el juego y denunciarlo?

d. Querer salvarlo, creerse el salvador:

De alguna manera es un peligro en cada uno de los desórdenes, no darse cuenta que lo único que el ayudador puede hacer es acompañar procesos y que si el ayudado se "salva" es porque ha logrado dinamizar dentro de sí energías curativas y evolutivas. El ayudador puede ser sólo un estímulo de tal despertar, y adjudicarse el mérito o incluso la autoría de la curación o del crecimiento del otro, es una apropiación incorrecta del movimiento interno que el ayudado ha logrado hacer.

En cierta medida, es frecuente caer en el "salvador", pues en la base misma del deseo de ayudar está involucrada la aspiración a colaborar con el otro, y de ahí a creer que ha sido uno el factótum de la evolución del otro, hay sólo un paso. Solamente exento de esta fantasía mesiánica, el ayudador puede dar una verdadera ayuda, en auténtica libertad.

Laura es una "buena" alumna, agradecida y obediente. Aunque avanza en el aprendizaje, no reconoce su creciente comprensión de la materia, sino que lo atribuye sólo a la buena enseñanza de Pablo, su profesor. No deja de expresarle permanentemente que "sin él nunca lograría aprobar el examen". Pablo se siente gratificado por la dependencia y admiración de Laura, a tal punto que pasa a depender de su imagen de salvador para apreciarse como ser humano.

Lo que sucede en el caso del "salvador profesional" es que el ayudado reacciona de mil maneras diferentes, todas muy interesantes. Una, puede ser la de "¿tú me quieres salvar? ¡Te muestro como NO me puedes salvar!" Y comienza ahí el calvario del salvador. Otra reacción posible es la de la pasividad extrema, y la consiguiente falta de responsabilidad: "tú me salvarás, yo no tengo nada que hacer, basta con que te obedezca, pongo mi vida en tus manos". También aquí comienza un calvario para el salvador. Pero todos los intentos de salvar al otro están destinados a fallar y tarde o temprano el ayudador y el ayudado aprenderán la dura lección, la más hermosa y profunda, de que la propia vida está, además de en las manos del Poder Supremo, en las manos propias y nunca en las manos del otro.

e. Tratar mal al ayudado

Algunos ayudadores apelan a expresiones irónicas, hasta hirientes, quizás con el objetivo manifiesto de "sacudir" al ayudado, pero que constituyen formas de maltrato, explícitas o encubiertas.

Otra conducta de maltrato ocurre cuando el ayudador descarga sus propios malhumores y frustraciones en la persona que en ese momento depende de su atención: un médico en su paciente, un profesor en su alumno.

Sabrina es enfermera. Ha estudiado con pasión y ama cuidar a los enfermos. Pero hay cierto tipo de internados que la sacan de quicio: son los que preguntan mucho y quieren saber todo lo que les harán. Ella les responde irritada, o no responde. Ellos se desorientan y no comprenden este cambio en su amorosa actitud. Lo que sucede es que esas preguntas la remiten a una vieja inseguridad respecto de su capacidad intelectual. Si Sabrina no elabora esta situación, se contaminará también su parte amorosa, que es la que la llevó a elegir esa profesión.

Si el ayudado acepta un vínculo tal, puede deberse a que se encuentra en un momento especialmente vulnerable y necesita de los servicios del primero: un enfermo que depende de la orden de un médico para obtener su medicamento, un alumno que depende del profesor para aprobar la materia, por ejemplo. También puede ocurrir que ese maltrato sea una escena repetida en la vida del ayudado, por lo cual no la registra. O bien la registra con enojo, y se instala aun más en esa dinámica de resentimiento y desconfianza.

En este punto es necesario diferenciar el maltrato de aquella búsqueda intencional de un recurso potente para llegar al ayudado, por ejemplo cuando el ayudador comunica algo de modo duro, cortante, hasta irónico, pero con clara consciencia de que ésta es la acción correcta en ese momento, y que el dolor sentido por ambos, al recibirlo el ayudado y al emitirlo el ayudador, puede ser factor de transformación para los dos.

f. Juzgar, erigirse en juez del otro, criticar

A veces el ayudador juzga ostensiblemente, sea en su interior o expresándolo exteriormente, a su ayudado. Por ejemplo, cuando piensa "qué mal que está comportándose", o "¡qué barbaridad!, ¿cómo es que dijo tal cosa?" o "¡qué bien que estuvo!". Es común que use categorías psicopatológicas o categorías astrológicas que muy fácilmente dejan de ser descripciones neutras para pasar a ser juicios de valor. Otras veces el juicio es sutil y le pasa desapercibido al ayudador, porque es un sentimiento de aprobación o de desaprobación que surge automáticamente sin llegar a su propia consciencia. "Me gusta o no me gusta, me cae bien o no", esto que hace o dice el ayudado. Es el ayudador, en su trabajo interno, quien debe estar alerta para reconocer en sí mismo esta posible reacción de juicio, para que no le pase desapercibida si es que se produce. El juicio siempre implica una acusación o una absolución, una asignación de culpa o de inocencia, un tomar partido según la escala de valores, de preferencias, de gustos, del ayudador. El ayudador juzga a su ayudado, y también se juzga a sí mismo: "estuve bien", "estuve mal". Vivir juzgando y juzgándonos es como vivir en un juicio esperando, con inquietud y desazón, el veredicto.

Cabe aquí notar la diferencia entre el juicio de valor y la natural emoción, alegría o tristeza que –por resonancia y empatía– sentimos y/o comunicamos a quienes acompañamos.

g. Evangelizar, predicar, imponer

Aquí nos encontramos con ayudadores que miran a sus ayudados como alumnos o fieles de una iglesia, a quienes hay que devolverlos al camino recto. A veces son predicadores compulsivos; otras veces parecen apelar a consejos bondadosos -"por tu bien"-. Es fácil caer en esta trampa cuando el que pide ayuda es alguien que se está dañando a sí mismo –con drogas u otras conductas autodestructivas- y el ayudador se siente compelido a presionar, aconsejar y convencer al otro de cómo debe vivir.

La experiencia nos demuestra que esta manera de ayudar es inútil, no fructifica. Por otra parte, esta actitud de creernos los dueños de la verdad, de que nuestra visión es la correcta y por eso la debemos imponer, nos desordena a nosotros mismos como ayudadores.

Raúl es un instructor de campamentos para jóvenes, muy apreciado por su responsabilidad y seriedad. Pero en las noches de fogón, cuando se da la charla y el compartir, se despierta su aspecto predicador, abunda en sermones, tal cual lo hacía su padre con él. Y luego no entiende por qué los jóvenes, con todo lo él que los quiere y hace por ellos, lo sienten distante y toman por confidente a otro instructor, "irresponsable y superficial" según su opinión.

Cuando nos creemos con derecho a organizar y controlar la vida de los otros, caemos en la ilusión de que a través del propio control y disciplina, vamos a corregir los errores del universo. Es creer que imponiendo nuestro propio criterio vamos a salvarnos y salvar a los otros, y así se asocia a la trampa anterior. Esta idea de que "yo tengo la verdad", y además que esa verdad es única, la que ha de ser impuesta por el bien de todos, se relaciona con el error de creerse que "se habla en nombre de Dios".

Diferente es dar un consejo o sugerencia cuando el otro lo pide, si lo hacemos con el debido respeto por su autonomía, y con la claridad de que el otro tiene la total libertad de seguirlo o no, sin que nos ofendamos o enojemos. La comprensión de que la nuestra es sólo una opinión, nos preserva de ésta y otras trampas.

h. Darse importancia

"Sospecha de ti si apareces ante los demás como alguien especial. Está en guardia frente a la falsa sensación de auto-importancia" EPICTETO

El ayudador utiliza el acto de la ayuda para darse importancia, hablando de sí mismo, de sus proezas respecto a sus capacidades, experiencias, respecto de su crecimiento interior y trabajo sobre sí, e incluso respecto de sus desgracias.

Hace años hemos escuchado decir a un coordinador de un grupo: "cuando yo tenía problemas de personalidad...", dicho que, en la jerga utilizada, significaba algo así como "cuando yo aún no era perfecto...". Algunos en el grupo se rieron interiormente de esta expresión soberbia y otros quedaron fascinados: "ah, él sí que está superado; ya está más allá de todo!"

Probablemente es la necesidad interior del ayudador de ser visto como idealmente quiere ser, el gusto de poder finalmente decirle a alguien: "mira qué bien que estoy, mira qué grande soy, mira qué maravilla"; o también lo contrario: "mira qué mal estoy, qué cosas especiales me pasan". De esta manera utiliza el tiempo que en realidad le corresponde al ayudado y a su temática, para sí, arrebatando una atención que no le corresponde desde el lugar que está ocupando. A veces es tan interesante, tan apasionante lo que cuenta, tan desarrollada la capacidad oratoria o de comunicación de este tipo de ayudador, que el ayudado cae en la trampa, entusiasmado por lo que escucha, incluso conmovido por conocer intimidades de su terapeuta, enfermero, amigo. Hay aquí, como en todas las trampas, una alianza oculta entre el ayudador y el ayudado: el primero representa su personaje ideal, el segundo se distrae de su trabajo sobre sí.

Una persona, al salir de su sesión terapéutica, solía contar jugosos chismes de su terapeuta: que se había separado, que estaba enojado con la ex-mujer, que salía con otra. Cuando le preguntaron: "¿y cómo sabes todo esto?" Contestó orgulloso: "¡hace un mes que no hablamos de otra cosa!".

Es verdad también que la comunicación de la propia experiencia puede ser de ayuda. De lo que se trata es de discriminar la utilidad real que estas historias puedan tener para el ayudado y la motivación real del ayudador para colaborar compartiendo sus comprensiones a partir de las propias experiencias de vida.

i. Crear dependencia

Podríamos decir que todas estas diferentes maneras de tratar al ayudado como a un niño, están al servicio de crear dependencia; pero queremos también señalar esta acción explícitamente. El ayudado comienza a depender del ayudador para todo; si se trata de su terapeuta, no mueve un dedo sin consultarlo. El ayudador dispensa consejos y recetas sobre "cómo" debe hacer el otro, "qué" debe hacer para que las cosas le salgan bien. Se va creando así una dependencia que va paralizando y quitando cada vez más autonomía al ayudado.

Roberta es cocinera naturista, seria y rigurosa, y dicta clases de cocina y alimentación saludable. Es tanta la obsesividad que despliega en cómo ha de cocinarse tal verdura para no perder las vitaminas, o cuáles son las algas justas para los porotos de tal tipo, que ha generado en sus alumnos temor, inseguridad y dependencia de reglas fijas, en lugar de promover en ellos la confianza en la propia intuición acerca de qué comer, cuándo y cómo.

Puede suceder que el ayudador incluso amenace sutilmente, describiendo supuestos peligros si el otro no sigue sus indicaciones, o si se le ocurre tomar una decisión sin analizarla antes con él. Esta necesidad de tener a alguien ante quien erigirse en guía y de ser obedecido incondicionalmente, surge obviamente de la incapacidad del ayudador de guiar su propia vida. De allí su necesidad de guiar la de los demás. Incluso la idea de tener "seguidores" puede dar seguridad y fuerza a un ayudador que no las siente naturalmente. Hay un cierto número de ayudadores que adoptan el rol de gurú, guía espiritual, sin serlo. Se rodean de discípulos más o menos fieles y crean un halo de santidad del cual es difícil salirse. Algo parecido sucede con la lucha que se establece entre terapeuta y paciente cuando este último quiere dejar la terapia, o entre médico y paciente cuando éste quiere cambiar el método de curación, o entre la maestra particular y el alumno cuando éste quiere seguir solo. ¡El tema es tan amplio y tan frecuente! Implica la co-dependencia como factor fundamental a trabajar interiormente en cualquier vínculo de ayuda. Resulta muy tentador tener alguien que nos obedezca ciegamente, o que nos guíe hasta en los más pequeños detalles de la existencia. El precio que se paga por esa tentación es el temor, el sometimiento y la falta de libertad.

Hemos mencionado aquí diversas maneras en que el ayudador puede caer en la tentación de tratar al ayudado como un inferior, como alguien más pequeño, incapaz o impotente; verlo como víctima, tenerle lástima, querer salvarlo, protegerlo, juzgarlo, retarlo, sermonearlo. Son todas conductas que revelan una actitud subyacente: la de creerse superior.

Observemos con atención si tendemos a sentirnos superiores a nuestros ayudados, clientes, pacientes, alumnos, de cualquiera de las maneras descriptas o de otras.

• Identificación con el ayudado, confusión, falta de distancia

A veces el ayudador no puede tomar distancia de la vida de su ayudado, comienza a pensar en él frecuentemente, se siente culpable si no logra "hacerlo" progresar, confunde su existencia con la del otro, lo ama o lo odia personalmente.

He aquí un testimonio revelador:

Lidia trabajaba como acompañante terapéutica. Acompañaba a varios pacientes en la semana, entre ellos a Susana. Luego de un tiempo Lidia empezó a sentir que no podía desprenderse de su preocupación por esta paciente, aun cuando no estaba con ella; sentía que "se la llevaba puesta a casa". Dejó de ser un paciente más y empezó a ser alguien especial: no podía dejar de pensar en ella; se preguntaba cómo pasaba las horas que no estaban juntas. De hablar con la madre de Susana una vez por semana comenzó a hablar cotidianamente, cada vez más agobiada por las exigencias que le planteaban no sólo su paciente sino también toda su familia. Llegó un momento en que Lidia sólo podía acompañar a Susana y a nadie más; se sentía totalmente responsable por ella y al mismo tiempo agotada, sin fuerzas, quería sacársela de encima y no podía permitírselo. Tomar consciencia de su confusión le permitió poner los límites necesarios y ubicar todo en su lugar.

En esta situación, el paciente o el ayudado pide sin límite y el ayudador no puede poner límites; renuncia y cae, o bien aprende a acompañar con la debida distancia y separación, respetando la autonomía y libertad de ambos.

• **Falta de sentido de la oportunidad** (*timing*)

Dice Buda: *aprende a responder; no a reaccionar*. Reaccionar es dejarse llevar por los impulsos mecánicos de nuestra personalidad. Como su nombre lo indica, no son *acciones* adecuadas a la situación, elegidas desde un lugar interior más sabio, sino *re-acciones*. Tienen que ver más con nuestro pasado, nuestros condicionamientos y puntos ciegos desde donde saltamos mecánicamente atacando, defendiéndonos, sobre-adaptándonos, retirándonos, etc. *Responder*, en vez, tiene que ver con *responsabilidad*, con estar en el momento presente y dar la respuesta más lúcida y elevada. Respondemos cuando no actuamos *de memoria*, sino frescos y presentes.

A veces el ayudador siente o cree que debe hacer algo, proponer soluciones, calmar el dolor, quitar culpas, cuando el momento sólo indica escuchar y acompañar. Otras veces sucede lo contrario: es hora de intervenir y el ayudador se limita a escuchar.

Por ejemplo, cuando alguien está dolorido por haber sufrido una violencia o injusticia, es necesario respetar y conocer los tiempos y las leyes de elaboración del dolor, o del resentimiento, que frecuentemente son más largos y complejos de lo que se desearía. Es desubicado saltear estos sentimientos humanos y naturales, como cuando se le propone a la persona una especie de sublimación apresurada, o cuando se lo consuela como a un niño en vez de acompañarlo respetando su dignidad. Es posible que esta actitud inadecuada surja de la dificultad del ayudador de permanecer con aquello que el otro está sintiendo y que remite al ayudador a lugares internos no resueltos.

Las amigas de una mujer que se había separado recientemente de su pareja, trataban de hacerle olvidar su tristeza con variadas propuestas como organizarle citas con posibles "candidatos" o sugerencias acerca de un nuevo peinado y un cambio en el modo de vestirse. Otras le aconsejaban que expresara la rabia, que adquiriera una mascota, o que rezara y perdonara. Estas sugerencias y consejos no pedidos, cuando además no respetan el "timing" de la persona, están fuera de lugar, son in-

oportunos y hasta contraproducentes. Aun los buenos consejos dados con las mejores intenciones.

Otra intervención inoportuna puede darse cuando el ayudado está comprendiendo algo más allá de la anécdota personal, leyes universales que lo trascienden, y el ayudador cree que debe "bajarlo a tierra", volviéndolo a la anécdota, a su historia personal, a lo más pequeño y circunstancial.

Cuándo es oportuno operar de una manera o de la otra, lo señalará la intuición y comprensión del ayudador, que se va desarrollando con la práctica, y con su trabajo interno.

• **Superficialidad, frases hechas**

También aquí es pertinente la idea anteriormente expuesta de responder en vez de reaccionar.

A veces ante el dolor o el enojo ajeno, uno se encuentra sin palabras y sin saber que hacer, o sin deseo de involucrarse, y simultáneamente cree que tiene que decir o hacer algo. Entonces apela a frases hechas, lugares comunes, como para salir del paso: "Nada sucede por casualidad" o "Qué barbaridad". Incluso puede responder con ideas válidas pero sin estar *presente*, casi automáticamente: "Claro, si te dio un ataque de hígado es porque tienes bronca", o "¿qué es lo que no quieres escuchar que tienes dolor de oídos?"

Estar prolongadamente bajo la influencia de un ayudador que utiliza frecuentemente este tipo de trampa puede producir en el ayudado reacciones diversas, como enojarse por no sentirse escuchado, confundirse y superficializarse, utilizar este tipo de "atajos" para no hacer un trabajo serio sobre sí, o desconfiar de toda idea que le suene parecida a estas expresiones.

- **Aliarse con el ayudado contra otros**

Es muy común que el ayudador, al escuchar los temas que afligen a su ayudado, sienta simpatía y se indigne por las injusticias que éste sufre o ha sufrido. Si bien esta simpatía es natural, caer en alianza es una trampa. Como ayudadores, es importante que observemos y revisemos nuestra consciencia dual, con buenos y malos en pugna. Es fácil caer en la tentación de tomar partido, pero de esta manera, potenciamos aun más la propia división interior y la del ayudado. Las alianzas implican enfrentamiento; unirse unos para enfrentar a otros. El desafío para el ayudador es mirar con amplitud la situación en su conjunto y percibir dónde está la guerra, la lucha, y operar a favor de la reconciliación. Si miramos con altura y anchura de visión, percibiremos la conexión profunda y misteriosa que hay entre las personas que comparten un mismo evento.

Es oportuno preguntarnos si tendemos a establecer alianzas, y cuáles son las circunstancias que nos sensibilizan especialmente para sentirnos obligados a tomar partido por alguna de las partes.

- **Envidiar, admirar, idealizar**

El ayudador se encuentra frente a un ayudado que por ejemplo, es más joven, fuerte o inteligente, tiene más dinero, éxito, o títulos. Esto actualiza el gran tema de la comparación, porque todos tenemos un modelo ideal que queremos alcanzar. El problema del modelo ideal, es que estamos constantemente comparándonos con él, aprobándonos y reprobándonos, según coincidencias y diferencias respecto del mismo. Una parte de ese modelo es individual en base a la propia historia, lugar y tiempo de nacimiento, y también compartimos modelos culturales comunes.

En este caso el ayudador se compara y se siente "inferior". Por lo tanto envidia esos atributos. *"Tu prado está más verde que el mío"*, sería su vivencia interna. Este sentimiento de inferioridad dificulta en gran medida la visión y la capacidad de ayuda. Retrotrae al ayudador a sus temas no resueltos que le impiden ver a su ayudado en su necesidad, carencia y dificultad. El ayudado puede sentirse en parte muy reconfortado e importante; y al mismo tiempo, culpable por su riqueza, juventud o experiencia, y percibir una suerte de acusación por parte del ayudador, a causa de sus posesiones –materiales: de belleza, dinero u otras, o interiores– talentos, sentimientos, u otras.

Es posible que recibir ayuda bajo este desorden, al sentir que el otro desea lo que él tiene, el ayudado se "achique", oculte su riqueza, trate de compensar de alguna manera al ayudador, y sienta la incomodidad del vínculo, al igual que lo siente en su vida cotidiana. O bien puede ocurrir que se "agrande" ilusoriamente, con la fantasía de ser superior a quien lo ayuda. En cualquier caso, en lo profundo, ambos vivirán la misma frustración, producto del alejamiento de la verdad esencial.

• Evitar, distraer, desviar

Quizá el ayudador sienta que el tema que trae el ayudado es superficial, no es importante, lo juzgue como insignificante y desee trabajar cosas "de peso" o intensas. O tal vez sea justamente todo lo contrario, que crea que el tema es demasiado grande para él o para el otro y se sienta impotente o inseguro para trabajarlo. O puede suceder que el tema le aburra, o le fastidie la repetición. En cualquier caso el ayudador ignora la propuesta y desvía la atención del ayudado hacia algo donde él mismo se siente más cómodo, interesado o seguro.

La situación distorsionada se presenta si se trata de una desviación al servicio de sus puntos ciegos, no así cuando el ayudador señala intencionalmente al ayudado que se está desviando de la tarea distrayéndose con temas laterales o contingentes.

- **Halagar y seducir (pretender o dejarse seducir por halagos)**

Es agradable y reparador verse como alguien magnífico, bueno, capaz, sabio. Y en verdad a veces así nos ve el ayudado, en buena fe, no como manipulación. Y otras veces hay un poco de cada cosa. En esta trampa podemos ver a un ayudador muy sensible a la aprobación externa, a la buena imagen que el ayudado puede devolverle. Necesita proporcionarse halagos que lo reaseguren frente a su inseguridad interna. Y también acude a halagos y seducción para caer simpático, ser querido, "comprar" la admiración del ayudado.

En cambio si el ayudador tiene suficiente consciencia del vínculo transferencial, no creerá esta imagen idealizada, podrá *devolver la proyección* a su ayudado, en vez de quedársela, para que el ayudado pueda reconocer en sí mismo estas cualidades proyectadas. Frente a la seducción, también señalará y trabajará con el ayudado la dinámica que lo mueve a querer apaciguar e incluso *probar* al ayudador "comprándolo" con halagos, o intentar obtener un lugar de privilegio.

En todos los casos, una ayuda con muchos elementos seductores, tiene una atmósfera de encantamiento mutuo, en la cual circulan emociones infantiles e incluso un enamoramiento adolescente. El peligro de esta trampa es el de quedar atrapados en esta mutua fascinación y perder el rumbo.

*Un profesor de expresión corporal, atractivo y carismáti-
co, sale a veces con algunas de sus alumnas. "La elegida"
de cada oportunidad se siente afortunada y especial. El
clima de competencia, celos y hostilidad en el grupo va
creciendo, y la tarea se distorsiona.*

• **Abuso de poder**

El ayudador utiliza la transferencia y el poder que
le da su lugar, para otros fines ajenos al ayudar y para
obtener beneficios: favores, poder, sexo, prestigio, información. Este tipo de actitud conlleva tácitamente el
mirar al otro como objeto, lo que a su vez implica que,
quien está ejerciendo el abuso de poder, también se ve a
sí mismo como objeto.

*Liliana es una profesora de Yoga muy querida y respeta-
da. Con el tiempo, algunos de sus alumnos más cercanos
se ofrecen a acomodar el salón antes de las clases, ir a
buscar las fotocopias que ella prepara, traer las flores.
Luego vendrá el alquiler de una casa de vacaciones a
una alumna por un precio inferior al del mercado, el
diseño de una página web por parte de otro alumno que
no le cobra por sus servicios, la traducción de un texto
por parte de otro, a resultas de todo lo cual Liliana se
sentirá inhibida de señalarles el pago fuera de término, o
sus llegadas tarde, o su charla durante los momentos de
silencio de la meditación. Estos pequeños e "inocentes"
favores, no son tales; endeudan a ambos en un círculo de
intereses ajenos a la tarea, con lo cual ésta se distorsiona
e incluso se corrompe.*

Como se puede percibir, el abuso de poder es una
apropiación incorrecta, que puede darse a través de
elementos densos y concretos como el dinero, o sutiles

como el esperar reconocimiento, que es como tener al otro atrapado para siempre en un pagaré infinito, que puede eventualmente convertirse en un pagaré de cosas concretas. Es una dependencia recíproca en la que ambos quedan presos, con deudas, sometimiento e incluso chantajes más o menos explícitos, que obviamente impide el fluir de la ayuda genuina.

El ayudado por su parte, disfruta al servir al ayudador, por un lado sintiéndose importante; por otro, endeudando sutilmente al otro, para sentirse luego con derecho a pedir, a quejarse o ...a denunciarlo!

Acerca de todas las trampas

Estas reflexiones acerca de las distorsiones en la ayuda exceden la ayuda profesional y la ayuda misma para adentrarse en las múltiples relaciones que tenemos con nuestros semejantes. Puede resultar valioso reflexionar acerca de las trampas que recién describimos, en las que podemos estar inmersos en la vida cotidiana, ya sea con los hijos, con los padres, con los hermanos, con las parejas, con amigos, con compañeros de trabajo.

Quizá parezca exagerado hablar de trampas, cuando generalmente los mismos implicados no son conscientes de estar "trampeando". Cuando hablamos de trampas y debilidades, consideramos que estas acciones o actitudes, tanto fueren conscientes o inconscientes, tienen sus efectos y hemos de hacernos cargo de ellos.

Si hemos podido describirlas no ha sido por haberlas leído en un apunte; lo sabemos porque las hemos experimentado en carne propia. Tenemos una vasta experiencia personal de haber caído en ellas, desde ambos lugares, del ayudado y del ayudador, de haber sufrido sus consecuencias y también de haber sufrido el dolor de reconocerlas; y al mismo tiempo constatamos que estas experiencias resultaron peldaños significativos en nuestro aprendizaje. Seguramente quienes lean estas páginas también podrán reconocer en una u otra área de su vida, en el pasado o en el presente, algunas o muchas, de estas modalidades de accionar. Es nuestro deseo que estas palabras sirvan para estimular una revisión de nuestros vínculos y para estar atentos a estas zancadillas en las nuevas situaciones de ayuda que se nos presenten.

¿PUEDEN EVITARSE LAS TRAMPAS?

La posibilidad de evitar este tipo de distorsiones se fortalece básicamente por dos caminos: la **formación académica** y el **trabajo interno**. La formación implica, especialmente para el caso de los profesionales de la ayuda, el aprendizaje de teoría y técnica, de estrategias y tácticas para el abordaje de distintas situaciones, y entrenamiento en una actitud de disponibilidad centrada. El trabajo interno, permanente y profundo, es lo que le permite al ayudador conocer cada vez más sus propios rasgos, sus fantasmas, sus identificaciones; y lo ayuda a aprender a separarse de ellas, y a colocarse en actitud de servicio real.

Una vez que nos damos cuenta de los condicionamientos que nos dificultan el establecimiento de relaciones más libres y transparentes, es posible que florezca el deseo y la voluntad de trabajar para profundizar las comprensiones y ser capaces de actuar con mayor idoneidad.

Y a propósito de las distorsiones y de la posibilidad de resolverlas, presentamos aquí un bello relato:

Érase una vez un hombre que irradiaba bondad y amor,
del mismo modo como las flores difunden su fragancia
o las lámparas su luz.

Un día le dijo un ángel:

—Dios me ha enviado para que te conceda un don. ¿Deseas, tal vez, el don de curar?

—No —respondió el hombre—. ¿Cómo sabré si alguien ha de ser curado o no, o cuál es la verdadera cura para él? Podría hacer daño por ignorancia.

—¿Deseas entonces, la sabiduría para ser un maestro?

—No, porque podría creerme superior y envanecerme. Y el guiar a otros podría provenir de, y alimentar, el deseo de poder.

—¿Preferirías entonces ser un modelo tal de virtud que suscitara en la gente el deseo de imitarte?

—No, porque eso me convertiría en el centro de la atención y alimentaría mi vanidad.

—¿Quizá te gustaría devolver a los desorientados al camino recto?

—No, porque eso llevaría a los otros a idealizarme y así volveríamos todos a desorientarnos.

—Entonces, ¿qué es lo que deseas? —Preguntó impaciente el ángel—. Tienes que pedir algún milagro; de lo contrario se te asignará uno cualquiera...

—Está bien; si es así, pediré lo siguiente: deseo que se realice el bien a través de mí, sin que yo me dé cuenta.

De modo que se decretó que la sombra de aquel hombre, con tal de que quedara detrás de él, estuviera dotada de propiedades curativas.

Y así, cayera donde cayese su sombra, y siempre que fuese a sus espaldas, los enfermos se aliviaban, y recobraban la alegría los rostros de los agobiados por el peso de la existencia.

Pero el hombre no se enteraba de ello, ni tampoco los beneficiados sabían de dónde provenía su alivio, por cuanto el amor conmovía los corazones, pero la luz no enfocaba a la persona.

Este cuento nos habla de poder alcanzar y tener como objetivo, aquella manera de ayudar que proviene de saberse un canal "a través del cual se realiza el bien".

El hombre del cuento, un ser que irradiaba amor y bondad como las flores el perfume, era muy consciente del peligro que puede traer aparejado el ayudar a otros e incluso más, el "saber" hacerlo y tener éxito: la tentación de la vanidad, de la creencia de que es lícito tener poder sobre nuestros semejantes, y de dañar por ignorancia. Probablemente este hombre conocía las tácticas de la falsa personalidad, de utilizar lo bueno que sucede para hincharse e inflarse, y para atribuirse los méritos de la ayuda y también el desmérito. Él era consciente de que cuando así sucede, se perjudica tanto quien ayuda como quien recibe la ayuda, porque ambos viven un cuadro imaginario, uno creyéndose mejor o superior y el otro, peor o inferior.

Percibir que apropiarnos del éxito puede alejarnos de nuestro centro, así como darnos cuenta de las distintas disfunciones en el arte de ayudar, es un paso fundamental en el camino al despertar. Y como tal, bienvenido.

Visto que éste es "sólo" un cuento, y a nosotros no nos suele suceder que se nos acerque un ángel para concedernos un don, ¿qué es lo que podemos hacer como ayudadores para no caer en el envilecimiento de nuestra tarea, justamente cuando mejor está funcionando? Éste será el tema del capítulo siguiente, pero a modo de anticipo y también corolario podemos decir que el primer presupuesto es saber que **lo que ayuda y cura es la vida misma** y no las personas. El segundo, es aprender a **soltar el éxito**, no tenerlo abrazado como un trofeo sino vivir entregándolo permanentemente. Es la Vida la que ha tenido éxito, la que ha afirmado su poder, la que no yerra en el blanco, y ante la cual podemos maravillarnos pues no se envanece. En efecto: no hay nada vano en la Vida y por eso podemos reconocerla como Maestra; ella es quien en última instancia ayuda –sin interferir– a crecer y a madurar, a todas sus criaturas.

Presentaremos en el próximo capítulo, aquellas cualidades que se van plasmando en el ayudador mientras va transitando el proceso de la ayuda, a medida que va madurando y ampliando su mirada. Estas cualidades están presentes en germen en todos nosotros, y son las que nos impulsan a elegir la tarea de ayudar.

Capítulo 10

Cualidades del ayudador

Así como señalamos anteriormente las trampas del ayudador, abordaremos ahora algunos valores básicos que se manifiestan en quien quiere y puede ayudar desde esta concepción de la ayuda. Se trata fundamentalmente de actitudes que facilitan la ayuda que deseamos brindar y que se nutren de las cualidades profundas y esenciales de todos los seres humanos.

Estas cualidades que analizaremos son innatas, forman parte de la naturaleza humana, constituyen el potencial del cual hablamos al inicio del libro, y se manifiestan abiertamente cuando se ha llegado a una plenitud de maduración. Ver este potencial humano innato es como ver la preciosidad de una piedra aún no trabajada, pero que tiene en ciernes toda la capacidad de reflejar la luz. **Aquello que hemos llamado "trampas" no es sino el déficit o la insuficiencia de desarrollo de dichas cualidades**. Es por eso que no se trata de "luchar contra" las trampas sino "a favor" del desarrollo de la luz, nuestra verdadera naturaleza.

Miremos entonces a la persona que tiene intención de ayudar. Si ha ido madurando, si ha vivido durante su existencia experiencias que lo han hecho crecer, desilusionarse de lo efímero y superficial; si ha ido descubriendo valores más esenciales - cuenta entonces con un bagaje de cualidades o talentos, desarrollados en virtud de su trabajo interno, y seguramente sentirá que quiere y puede compartir lo que ha desarrollado y así seguir su camino evolutivo. Estas cualidades comienzan a brillar con su luz propia cuando el ayudador, de alguna manera, ha *trabajado* su sombra, y por lo tanto habrá podido ir viendo las trampas, que así van perdiendo fuerza y contundencia.

Probablemente todas las virtudes que iremos enumerando se desarrollan con el tiempo y a partir de la elaboración de las experiencias; con los fracasos y los aciertos; con el reconocimiento de la interdependencia que tenemos con el mundo externo; con la toma de conciencia de cuál es nuestro lugar y nuestra misión; con la *realización* de una ética viva y presente en cada acto y pensamiento.

Después de tratar cada cualidad, te propondremos algunas preguntas que pueden ayudar a tu propia exploración. Hemos visto que también es útil elegir una cualidad y observarla en uno mismo durante un cierto período de tiempo.

Humildad

La cualidad de la humildad tiene que ver con el corazón, pues es ahí donde radica y ahí donde se siente. Tiene que ver también con la mente pues es un **no creerse nada ni nadie especial**. Es saberse parte de la humanidad, con los mismos errores, capacidades y anhelos de todos los seres humanos. Ser humilde es ser como el humus, necesario, base de la vida, un sitio donde apoyarse con seguridad, terreno fértil. Por eso Humildad incluye ser quién se es y cómo se es, conocer el propio lugar en la vida y ejercerlo sin "alharaca". Es *re-conocer* el propio poder y también los propios límites, la propia dimensión y actuar desde ella. La humildad hace que la persona no se agrande, tratando de parecer más, ni que se achique, encogiéndose para parecer menos. En el fondo, sólo podemos actuar desde nuestra propia dimensión. Se es humilde cuando no se intenta parecer nada distinto a lo que se es. La humildad está en relación con quitarse las máscaras.

Es común confundir la idea de humildad con la de negar los propios valores, no reconocerlos y ser o sentirse poca cosa. También es un error confundirla con la pobreza. Un rey es humilde si ocupa su lugar de rey, con todo su poder y autoridad; un campesino lo es cuando es un buen campesino; una casa es humilde no cuando es pobre sino cuando es esencial. Por eso la humildad tiene justamente ese algo de grandeza digna, silenciosa.

En efecto: humildad es estar en contacto profundo consigo mismo y con el otro. Está en relación con la simplicidad, *simplemente* ser lo que es. Así, con esta mirada, la humildad **es el antídoto para la mayor parte de las trampas que hemos nombrado anteriormente.**

Cuando se ayuda con humildad, esta ayuda es corta y simple, no se queda apegada al fruto de la acción, no quiere nada para sí, el ayudador muestra el siguiente paso y se retira dejando al otro con su libertad.

Para quien desea ayudar, será la humildad en acción la que le dirá cuál es su real capacidad de intervención, le hablará de todos los otros factores que están en juego, le dará una dimensión correcta de la ayuda posible y de lo imposible. Por eso la humildad da solidez y sostén a nuestra acción como ayudadores.

Guía para la reflexión

¿Reconoces en ti esta cualidad de la humildad? ¿Es algo con lo que ya "venías" o lo has desarrollado conscientemente durante la vida? ¿Qué experiencias te han hecho desarrollar esta virtud? ¿Sientes que a veces te comportas con vanidad u orgullo? ¿Tiendes a confundir humildad con humillación, escasez, simplismo, pobreza? ¿La reconoces en otras personas? ¿Cómo, en qué casos, en quién? ¿Hay algún personaje real o ficticio, pasado o presente, que represente esta cualidad para ti?

Responsabilidad

La responsabilidad es la capacidad de responder hábilmente; implica saber hacerse cargo de lo propio y dejar en manos ajenas lo que no nos corresponde. Cuando alguien encarna y utiliza la discriminación entre lo que le atañe y debe asumir, y lo que ha de dejar en manos del otro, se genera en el entorno un sentido de orden, de claridad y armonía, se percibe que cada cosa está en su lugar y la ayuda se encamina sin rispideces. Cuando cada uno es responsable de sí mismo y de aquello que le corresponde, la vida fluye sin culpas, sin reproches, sin agujeros y sin superposiciones: el padre asume su responsabilidad de padre, la madre de madre y los hijos de hijos. Cada cual cumple su tarea con tranquilidad sabiendo que toda responsabilidad tiene un límite. Por el contrario, es muy desconcertante no saber cuál es la propia tarea, cuál es la propia responsabilidad, hasta dónde llega aquello por lo cual debo responder. Cuando esto no es claro, definido interior y exteriormente, todos se hacen cargo de todo y nadie se hace cargo de nada: esto es lo que entendemos por agujeros y superposiciones.

El no hacerse responsable de lo que nos corresponde es jugar a las escondidas con la vida. Y si nosotros no nos hacemos responsables de lo que nos toca, alguien más lo hará por nosotros.

Por otra parte, tomar al propio cargo algo que corresponde a otro es una actitud que se origina en aspectos infantiles de nuestra personalidad. Típicamente, en la niñez empezamos a creernos responsables por la felicidad y la infelicidad de nuestros padres, suponiendo que está en nuestras manos. Esta expresión de omnipotencia tiene también un aspecto de desubicación que conlleva la ilusión de poder, pero que en realidad, desemboca en una real impotencia; pues de hecho nadie puede ser responsable por aquello que no lo es.

En la práctica, será la intuición y la presencia lo que nos podrá indicar en qué medida y de qué modo somos o no responsables en cada caso. Hay una percepción muy sutil que a cada momento puede decírnoslo y también nos dirá cómo actuar en base a ello.

La vida tiene una **ética profunda** que podemos descubrir viviendo. En Oriente llaman "dharma", palabra que se acerca a la idea de "ley", a un sentido de Ética. Podríamos decir que cada momento tiene su dharma; y con ello, en cada momento podemos darnos cuenta de lo que nos toca, y la armonía deviene justamente de actuar en concordancia con esa ley profunda, con esa ética que puede guiarnos interiormente. Ser responsables y éticos, a veces será decir que no nos hacemos cargo de algo y que lo dejamos en manos del otro, a quien verdaderamente le corresponde. Ello está en relación con conocer la preciosidad del tiempo. Somos responsables por el tiempo que nos ha sido donado; y si nos ocupamos de lo que no nos corresponde, no podremos ocuparnos de lo que sí nos corresponde.

En el caso de la ayuda, este sentido de la responsabilidad es imprescindible, pues como se deduce de lo dicho anteriormente, cuando el terapeuta sustituye al paciente, el maestro al alumno, el padre al hijo, ninguno de los dos está recibiendo lo que necesita ni dando lo que tiene. Y el mismo derroche de tiempo sucede en el desorden inverso, cuando el paciente se pone en lugar de terapeuta, el hijo de padre o el alumno de maestro. Entonces, se trata de cultivar una actitud interna de aceptación del lugar que en cada preciso instante nos corresponde.

Guía para la reflexión

¿Reconoces en ti la responsabilidad así entendida?

¿Tiendes a tratar de hacerte responsable por los otros? ¿Cómo? ¿Qué efectos produce en ti esta actitud? ¿Qué provoca en los demás?

¿Tiendes a no asumir tus responsabilidades, a dejarlas en manos de otros ? ¿De quién(es)?¿Qué desajuste se produce en tu vida ?

¿Hay un personaje real o ficticio, pasado o presente que represente esta cualidad para ti?

Entrega

Podríamos llamar a este talento el coraje de la entrega, la valentía de la entrega. Vivimos tan defendidos, creyéndonos tan vulnerables, mucho más de lo que realmente somos; resguardando con temor las llamadas "posesiones", externas o internas; cuidando con tanto esmero la imagen, nuestros derechos, nuestro prestigio, que nos cuesta realizar la verdadera entrega. ¡Nos parapetamos detrás de muros protegiendo quién sabe qué tesoro!

Entregarse está en relación al coraje, pues sólo podemos hacerlo despojándonos de la máscara. Y vivir sin máscara es algo enormemente temido. Es jugarse por algo, elegir y ser coherentes con la elección, momento a momento. Vivir entregándose es vivir haciendo lo necesario, lo útil, lo esencial, y asumiendo las consecuencias de nuestras acciones. Es un salto al vacío, confiando en que ese vacío es un "lleno", sabiendo que nos puede sostener, sabiendo que la idea de perder o ganar es muy relativa, cuando no ilusoria. Es frecuente comprobar que aquello que en su momento nos había parecido una gran pérdida muestre con el tiempo haber sido una bendición y también la inversa: algo que en su momento parecía una gran ganancia, con el tiempo mostró ser una prisión.

Entregarse es enfrentar los propios miedos, y por eso la entrega genera una cantidad de sentimientos contrastantes: la deseamos, la vemos como una manera ideal de vivir, casi heroica; y a la vez la tememos, pues nos parece peligrosa, tememos quedar en las manos del otro; creemos que al hacerlo seremos más vulnerables; imaginamos que **entregarnos y perder** es peor que **retenernos y perder**.

En la entrega hay una experiencia de confianza: confío y por ello me entrego. La confianza es la plataforma desde la cual entregarnos. Se cuenta que cuando Moisés abrió las aguas para que los esclavos pudieran escapar de sus perseguidores, sólo lo hizo una vez que el primer hombre se adentrara en el mar, y detrás de él uno tras otro, en un acto de *entrega* decidida y valerosa, sin otra certeza que la confianza y el deseo profundo de liberarse.

A veces aquello en lo que confiamos y nos permite el salto, es como la zanahoria del asno, sólo un medio para favorecernos el movimiento.

Si en algún momento algo nos ha hecho descubrir que el ser humano puede evolucionar, y que ello es uno de los sentidos de la Vida, el coraje y la entrega se manifiestan en un compromiso, una decisión interna: la de trabajar a favor de esta realización. Y esta decisión generalmente incluye la de ayudar a otros.

Es un don del ayudador el saber entregarse al objetivo, misión o propósito. Muchas distracciones surgen en el camino; es expresión de coraje saber mantener el propósito vivo. Esta solidez de elección y de perseverancia deviene una acción valiente y sin fisuras. Se vive la certeza de que el propio bien está en sintonía con el Bien Mayor; que se puede arriesgar todo en un momento y que de verdad, no se puede nunca perder algo esencial. Lo esencial es lo que Somos.

Cuando el ayudador *se entrega* a la ayuda que está dando, pone todo su Ser en esta ayuda, sin esperar los frutos de la acción; y lo hace con la humildad de saber quién es y qué es lo que puede.

Guía para la reflexión

¿Reconoces en ti la capacidad de entrega? ¿Cuándo, dónde, a quién o a qué te has sabido entregar? ¿Qué has arriesgado? ¿Qué te ocurrió después?

¿Qué es lo que te impide la entrega? ¿En qué área quisieras hacerlo y no lo logras?

¿A quién has visto entregado? ¿Qué ha significado ello para ti?

¿Hay un personaje real o ficticio, pasado o presente que represente esta cualidad?

Soltar el resultado

Nunca trabajes por una recompensa;
pero nunca dejes de hacer tu trabajo.

Bhagavat Gita

La capacidad de soltar los resultados es una cualidad espiritual largamente tratada en Escuelas de crecimiento y grandes religiones. Significa actuar sin anhelar los frutos de la acción, que la acción sea limpia de especulaciones, que no busque beneficios para el que está ayudando, que surja de la real necesidad y sin esperar nada más allá de la acción misma. Como los monjes tibetanos que dibujan un mandala con arenas de colores, y cuando lo terminan, abren la ventana y todo se disipa con el viento. Ellos saben que lo importante es el proceso interno durante la acción y no el resultado de la misma.

Para una mente acostumbrada a hacer todo esperando una recompensa, un resultado que nos beneficie, esto suena tan difícil, que merece un poco más de atención. Actuar sin esperar los resultados es estar totalmente **presentes en la acción**, es actuar por la necesidad de expresar la propia energía, inteligencia y amor al servicio de la Vida. Ya de por sí esto es una gracia, pues no sólo nos permite desarrollar lo que somos, comunicarlo, crear, sino que nos permite aquello que llamamos Presencia. Al actuar completamente presentes, sin dividirnos interiormente buscando y añorando resultados, la acción misma se hace más pura, más intensa, eficiente y coherente con la real necesidad del momento. No estamos un poco aquí y ahora, y otro poco en el mañana, en un futuro en el cual obtendremos una recompensa. No, estamos totalmente aquí, dándonos del todo, ejercitando las cualidades que hemos enumerado precedentemente: la entrega, la humildad, la responsabilidad. Cuando actuamos de esta manera, nuestra acción es impecable, por el puro gusto de hacer las cosas bien, **sin pretensiones** y con el simple deseo de dar lo mejor de nosotros mismos. Esto tiene que ver con el Amor a la Vida misma en la materia, en el cuerpo y en la forma. Hago lo mejor que puedo porque esto es lo que me colma. Es frecuentemente en el área de la expresión artística donde se ve esta cualidad. Está presente cuando se canta por cantar, o se pinta por el gozo de pintar. Pero no necesitamos ser artistas profesionales para experimentar este gozo de estar totalmente presentes en cada acción.

Mirémoslo en nuestra vida cotidiana, pues es realmente en lo pequeño donde podemos *realizarlo*, en cada momento, en cada acto, en cada lugar. Pongamos por ejemplo una conferencia: hemos preparado el tema, deseamos comunicar aquello que hemos elaborado y esto ya de por sí es algo bueno para nosotros: poder comunicar el propio pensamiento, compartir y ser escuchados. Pero he aquí que hay personas importantes que han venido a escucharnos, y de esta conferencia dependen trabajos futuros. Es posible que en ese caso, sea tal el interés en "quedar bien", que nos dividamos: por un lado, comunicamos lo que pensamos, y por el otro esperamos obtener resultados adicionales, más allá de la conferencia misma. Estos resultados adicionales pueden ser beneficios de prestigio, de dinero, o cualquier otro. La división interna entre el momento presente y lo que se espera que ese momento nos rinda en el futuro, nos quita presencia y nos debilita. No estamos del todo aquí y ahora. Y esto es aplicable a toda acción y situación, tanto a una conferencia como a un masaje o una cena.

Queremos aclarar que actuar soltando la crispación sobre el resultado de la acción no quiere decir que la acción misma no tenga un objetivo. Quiere decir simplemente que en el momento de la ejecución –quiero comunicar mi experiencia, por ejemplo en el caso de la conferencia–, estoy totalmente presente, focalizado en ese objetivo y no en el resultado que pueda obtener de la comunicación de mis experiencias.

Esta cualidad está íntimamente relacionada con el **desapego**. Habrá que poner especial atención, ya que es muy fácil confundir desapego con **indiferencia**. Saber discernir entre ambos es tema de observación interna y externa. Probablemente un indicio para descubrir si se trata de la una o del otro, tenga que ver con el amor. En el desapego "patológico" hay una indiferencia con una connotación de rechazo al mundo, un "qué me importa" que tiene que ver más con una reacción defensiva que con un verdadero soltar. En cambio en este verdadero soltar, se percibe la atmósfera amorosa y la franca disponibilidad para estar presentes a lo nuevo que se presenta.

Guía para la reflexión

¿Has tenido experiencias de no esperar el fruto de tu acción, de no quedar apegado al resultado, de actuar y luego soltar libremente? ¿Has visto a alguien en tu vida ejercitar esta cualidad del desapego? ¿En qué momentos o áreas de tu vida tiendes a quedarte atrapado, esperando, más o menos ansiosamente, la respuesta del mundo a tu accionar? Busca situaciones cotidianas: la respuesta a un email, la ponderación luego de una cena, el aplauso al final de una clase, la sonrisa luego de una caricia, el agradecimiento por un regalo que diste.

Discernimiento

Esta cualidad se refiere a la capacidad de discriminar en cada momento y situación, qué es lo útil y qué lo superfluo; qué ha de hacerse y qué ha de evitarse. La ley de la **necesidad** es una de las más profundas en la ayuda así como en la Vida y muy difícil de descubrir. Vivimos con tantas cosas y deseos no esenciales; hemos sido tan condicionados en nuestra civilización por la cultura de lo superfluo, que con este condicionamiento nos es muy difícil discriminar qué es lo real y qué es lo ilusorio, qué es lo que necesitamos y qué lo que necesitan los otros. Cabe señalar que puede ser diferente el **deseo** de la **necesidad**. ¿Qué diferencia hay entre lo que necesito y lo que deseo? ¿Qué diferencia hay entre lo que necesita y lo que desea quien me está pidiendo algo? ¿Cómo reconocer si mi deseo de dar algo se dirige a colaborar con lo esencial o surge por querer satisfacer un requerimiento del otro que a su vez me brindaría su reconocimiento? Ya el hinduismo toma a "**viveka**" o discernimiento como una de las cualidades esenciales para el desarrollo espiritual de los seres humanos.

Buda nos enseña que antes de decir algo, hemos de atravesar tres barreras: **si es verdad, si es amable, si es necesario**. Lo podemos aplicar también a cualquier intervención y preguntarnos si es útil y si es necesaria. Y a partir de ahí seguirán otras preguntas como ¿útil para quién?, ¿necesaria para qué? He de preguntarme si eso que estoy a punto de hacer va a ser beneficioso. Por ejemplo: si resueno con el dolor de alguien y me viene el impulso de consolarlo, me preguntaré si ese consuelo lo va a fortalecer o debilitar, si estaré colaborando con su evolución o mi consuelo le restará poder personal.

Otro aspecto del discernimiento tiene que ver con la autoobservación: darse cuenta de los propios límites. Preguntarme cuál es el costo de mi acción y si estoy dispuesto a pagarlo; si en ese preciso momento he de ocuparme de alguien, o de mí mismo, o de mi casa, o de mis hijos, o de mi cuerpo. Quienes estamos en el ámbito de la ayuda hemos pasado frecuentemente por esta duda paradojal: ¿Ayudo al otro aunque eso me haga mal a mí mismo? Si veo que alguien necesita mucho de mí, tiempo, atención o contención, y yo a mi vez tengo enfermos que atender en mi propia casa, o estoy yo mismo cansado o con algún achaque, ¿cuál es la acción correcta?, ¿a quién he de atender primero?

Frecuentemente el acto de la ayuda es gratificante para el que lo ejerce, lo hemos repetido varias veces, y esto es así principalmente porque nos permite expresar aspectos nuestros que son luminosos, amorosos, inclusive sabios. Entonces podemos caer en apegarnos al acto de ayudar a otros: nos sentimos bien, fuertes y válidos. Este *apego al ayudar*, esta dependencia, se manifiesta cuando respondemos a los pedidos indiscriminadamente, sin tener en cuenta las fuerzas disponibles dentro de nosotros, el cansancio, la oportunidad, la necesidad real de esa ayuda, u otros aspectos significativos de cada caso. Comenzar a sentir que uno necesita ayudar para sentirse ser es una señal de distorsión: *Se confunde el ser con el hacer*. Y esto no ayuda.

El discernimiento es la cualidad que posibilita distinguir qué es lo importante, qué es lo correcto; cuándo es el tiempo apropiado, cuál es la forma adecuada, cuál el sentido, el objetivo; qué es lo urgente y qué puede o debe ser pospuesto. No todo es urgente, no todo lo que nos piden debe ser realizado inmediatamente. Es obvio que sólo un niño pequeño es imperioso en su exigencia y no comprende la idea del tiempo y la opción de posponer la satisfacción de un deseo. Para el ayudado adulto que se comporta como un niño también es así. A veces en la ayuda se cae, desde ambos polos, en la manipulación del "no te quiero si no me das *ya* lo que te pido".

La idea del *timing* es una parte importante de la discriminación: Darse cuenta si es el momento oportuno y si el otro está preparado para recibir lo que queremos dar o hacer.

Guía para la reflexión

¿Cómo te encuentras en relación con el discernimiento? ¿En qué punto del desarrollo te sientes? ¿Qué sientes que tienes que trabajar en ti para acrecentar esta capacidad?

Gratitud

Partimos de la base que la gratitud se despierta cuando nos damos cuenta de todo lo que hemos recibido. El que puede dar sintiéndose al mismo tiempo agradecido por poder hacerlo, dará con gozo, liviandad, reconociendo el valor del otro y de su presencia, generando una consciencia de hermandad que es insustituible en el acto de la ayuda.

¡Cuántas veces, gracias a poder ayudar a otro, nos damos cuenta de que sabemos, podemos, amamos más de lo que creíamos! Esta toma de consciencia es tan valiosa como la expresión en sí misma.

También cuando ayudamos entramos en contacto con nuestras debilidades, cosa que nos ayuda a ubicarnos como seres concretos, nos indica un camino para conocernos mejor y nos guía para trabajar sobre nuestras carencias. Por eso decimos que aquél que recibe ayuda la está dando, está permitiendo que el ayudador despliegue su potencial, se conozca a sí mismo en sus lados de luz y de sombra. Cuando el ayudador vive la gratitud como un estado del Ser, que también ha sido llamado **estado de gracia**, vive la ayuda como una bendición. Su corazón está lleno. Y el ayudar no le pesará, como sí tiende a pesar cuando uno no vibra con las cualidades que estamos tratando. Es que cuando la ayuda se ejerciera lejos de las cualidades mencionadas, el ayudador reclamará privilegios, dinero, gratitud, o sentirá que le pesa ayudar.

> *La gratitud no sólo es la mayor de todas las*
> *virtudes sino la madre de todas las demás.*
>
> Cicerón

Guía para la reflexión

¿Cuán frecuentemente sientes gratitud y la expresas?

¿Sientes o has sentido gratitud hacia alguien que te permitió ayudarlo?

¿Has podido reconocer que recibes cuando das?

¿Hay un personaje real o ficticio, pasado o presente que para ti represente esta cualidad?

Compasión

Podríamos decir que la compasión, así como la humildad y la gratitud, son cualidades que se alojan principalmente en el corazón, aunque llenan la mente con su vibración. O mejor dicho, la vacían de las sombras que allí suelen alojarse.

El tema de la compasión también está ampliamente desarrollado en todas las grandes religiones y Escuelas de Crecimiento, dada su importancia e influencia a la hora de brindar y recibir ayuda.

Según Krishnamurti[39], la compasión está relacionada con la inteligencia y no puede haber inteligencia sin ella. La compasión sólo puede existir cuando hay amor, libre de todo recuerdo, de celos personales y demás apegos.

Sogyal Rimpoche[40] dice que la compasión no es solamente un sentimiento de interés por la persona que sufre, ni es solamente un afecto sincero hacia la persona que tenemos delante, ni sólo un claro reconocimiento de sus necesidades; es también la determinación sostenida y práctica de hacer todo lo que sea posible y necesario para contribuir a aliviar su dolor.

De modo que la compasión, además de ser un sentimiento de cercanía humana, de **resonancia** con el dolor del otro, también es una **acción**, un *darse* al otro, a su necesidad; es sentir y hacer. Esta acción no siempre será física, puede ser interna e invisible, como pedir en sus oraciones por otra persona.

Para ser compasivos hay que tener despierto el corazón. Y también la fuerza. No puede ser compasivo quien cree o pretende ser débil. Si alguien cae en un pozo, ser compasivos no es ponerse a llorar ni tirarse al pozo con el otro, sino ayudarlo a salir, si el otro lo desea. Compasión no es lástima. La lástima nos aleja del respeto, nos hace creer que para el otro es una desgracia aquello que está viviendo, nos lleva a ver al otro como "pobrecito", y a vernos a nosotros mismos como superiores; y ya hemos

---

[39] Jiddu Krishnamurti, filosofo espiritual; en sus charlas y escritos toca temas diversos como el propósito de la meditación, las relaciones humanas, la naturaleza de la mente, el posible cambio social.

[40] Sogyal Rimpoche, escritor y maestro del budismo. El Libro Tibetano de la Vida y de la Muerte. Ed: Urano

visto que todas estas actitudes son trampas que distorsionan la ayuda. Por eso la compasión necesita también de la inteligencia y la visión.

Cuando hay compasión todas las otras cualidades funcionan en consonancia, hay responsabilidad, hay humildad, hay entrega. La oración budista "meta-karuna-mudita-upeka" sintetiza aquello de lo que estamos hablando y enriquece su concepto. Habla de varios niveles de compasión:

Meta es un primer nivel de compasión: amabilidad, amorosidad, una actitud básicamente considerada y afable con el otro.

Karuna es la compasión propiamente dicha: resonar profundamente con el sufrimiento del otro, sentirlo como propio.

Mudita es un nivel aun más elevado de compasión: es la capacidad de compartir la alegría y felicidad del otro; es la actitud de aceptación gozosa de la felicidad ajena, sin la sombra de la propia infelicidad.

Este nivel de la compasión es mucho menos común que los anteriores. Es mucho más difícil alcanzarlo, y lo sabemos por experiencia. Frecuentemente la felicidad, el éxito del otro, nos lleva a sentirnos tristes y al mismo tiempo socialmente obligados a representar el papel de contentos. Es muy probable que a quien le este yendo mal en el trabajo, no lo haga feliz el éxito laboral del otro, o que la soltera se sienta deprimida en la boda de su amiga. Vale recordar que este nivel de compasión, Mudita, se refiere al sentir interno, genuino, más que a la manifestación externa de la emoción.

Upeka es ecuanimidad. Este último nivel de la compasión es la comprensión de que las cosas son como son, que hay cosas que no dependen de mi esfuerzo, que puedo cultivar estas virtudes y deseos, pero que en última instancia, no soy yo quien determina el éxito o el fracaso del resultado; que hay fuerzas superiores a las mías, que desconozco y humildemente reverencio; que soy Uno en un Todo mayor que me incluye; que todos estamos inmersos en una fuerza mayor que nos determina.

Guía para la reflexión

¿Recuerdas momentos en los cuales has sentido compasión por alguien, o por un grupo de seres humanos que estuvieran sufriendo?

¿Sabes discriminar la compasión de la piedad, la lástima, y la identificación?

¿Reconoces en ti los distintos niveles enumerados precedentemente?

¿En otros?

¿Hay un personaje real o ficticio, presente o pasado, que represente para ti la compasión en acción?

ACERCA DE LAS VIRTUDES ENUNCIADAS

Tampoco aquí queremos apabullarte con enunciados de hermosas cualidades. Sabemos que muchas veces miramos dentro para buscarlas y nos encontramos con un paisaje interior más parecido a un desierto que a un jardín.

Deseamos que esta enunciación de cualidades nos sirva de estímulo. Por un lado porque observándonos y tomando consciencia de nuestras limitaciones podremos ir más allá de ellas; y por otro lado, porque a veces ya estamos funcionando con humildad o discriminación, por ejemplo, y no nos hemos dado cuenta. Frecuentemente contamos con más cualidades vivientes de las que creemos o percibimos. Confiamos en que este recorrido a través de las cualidades te pueda ayudar a despertar una resonancia, un reconocimiento de ellas en tu interior y el deseo de profundizarlas.

Creemos que el deseo de buscar ya es una búsqueda; que el anhelo de consciencia ya es consciencia, que en la aspiración ya está el germen de la realización. Y que aceptar lo que es, tal cual es, en cada momento, es la condición indispensable para acceder a una expresión más plena de nosotros mismos.

Capítulo 11

El camino de la ayuda

En este capítulo presentamos algunas reflexiones ulteriores sobre el proceso de la ayuda en relación con el proceso evolutivo de la consciencia.

Poder ayudar a una persona implica saber **intuir el nivel de ayuda que necesita**. Es estar abierto a su necesidad para **ir allí donde se halla** y no dar ayuda no pedida, inoportuna, que por cierto no ayuda. Esa capacidad de intuir el nivel de ayuda adecuada depende del propio Nivel de Ser del ayudador. Como dice Dane Rudhyar[41]: *"Ningún astrólogo, lo mismo que ningún psicoanalista –y nosotros agregamos: ningún ayudador– puede interpretar la vida y el destino en un nivel superior a aquél en el cual funciona"*.

El ayudador puede estar o no a la altura de las diferentes solicitudes, según los diferentes niveles de ayuda requeridos. En los capítulos sobre el Ayudador, nos hemos abocado a describir algunos posibles obstáculos y algunas de las cualidades requeridas para ayudar, entendiendo que la verdadera ayuda es

[41] DANE RUDYAR, considerado como el mayor astrólogo de nuestro tiempo, revolucionó la Astrología usando el lenguaje simbólico de los astros para explorar el significado y la naturaleza del destino espiritual.

enseñar a pescar, es promover la búsqueda de la verdad, de valores esenciales, de comprensión y de acción responsable, de aspirar a estar presentes en nuestra vida, y **eso sólo puede ser enseñado si la persona que ayuda lo vive**.

Observar sin juicio

Si tomamos como referencia lo tratado en el capítulo de las motivaciones para ayudar, nos daremos cuenta que el ayudador puede ir haciendo un recorrido en el cual sus motivaciones se van elevando y purificando. Mientras esto sucede, también su consciencia se va elevando y por lo tanto la vida se va haciendo más liviana y espontánea.

Dijimos que reconocer el nivel desde donde actuamos para ayudar es fundamental. Si estoy en el segundo nivel, que ayudo para sentirme importante, he de darme cuenta que ése es mi estado, y no he de juzgarme ni pretender estar donde no estoy.

Ese darse cuenta es un despertar. Ya tomar consciencia de lo que es, es en sí un despertar. Y gracias a ese tomar consciencia y aceptar lo percibido, sigo mi camino. Así, el observar sin juicio permite a la cosa observada liberar su energía y tenerla disponible para continuar su desarrollo. En el ejemplo precedente, si mi motivación para ayudar fuera la de ganar prestigio, si la miro con comprensión, estaré llevando luz a esa realidad y esa misma luz que llevo irá diluyendo suavemente esa necesidad. Ya la ciencia ha llegado desde hace tiempo a la convicción de que el observador modifica lo observado por el simple hecho de estar allí.

En síntesis, la consciencia sin juicio nos conduce a poder observar con amor nuestros límites.

El proceso evolutivo a través de los distintos pedidos de ayuda

Presentaremos ahora una visión sobre los distintos niveles de ayuda que puede pedir o requerir una persona, y el recorrido que puede ir haciendo en su evolución.

En general, quien se acerca a pedir ayuda, sea ésta profesional o no, lo hace empujado por la necesidad de resolver problemas y ése es el pedido explícito: "¿Qué hacer?" ya sea con mi madre, con la salud, con el trabajo o con otra encrucijada existencial. La solicitud puede tomar diversas formas, tristeza, enojo, inquietud, abatimiento. Quien busca una salida es porque se siente atascado y acorralado por las situaciones externas o su realidad interna. Lo que en verdad está necesitando es **ver su sombra**. Quizá no lo exprese de esa manera, quizá sólo diga que quiere estar mejor, que está mal, que está sufriendo, y que no sabe cómo salir de ello solo. Se siente obligado desde su interior a pedir ayuda, no puede seguir viviendo sin ella. Y esta vivencia interior es la que pone a la persona en disposición para mirar aspectos que antes no quería o no podía ver. Esto está relacionado con el primer nivel de las motivaciones para buscar ayuda: lo necesito. No lo haría si no fuera motivado por el dolor y la carencia.

Es probable que si recibe la ayuda adecuada y si además la puede tomar, la persona aprenda que es potente y responsable, que es capaz, y se sienta más segura. Y así, puede ser que comience a decir lo que nunca dijo, a tomar posiciones más claras frente a la vida, a estar incluso eufórica al descubrir su valor y sus capacidades. Esta etapa se corresponde con el segundo nivel: el de la autoafirmación.

Nada tiene de malo este nivel, es necesario como pasaje de crecimiento. Ahora, la permanencia por mucho tiempo en esta etapa seguramente lleva a un estancamiento en el proceso evolutivo, ya que la persona sólo sería impulsada por el reconocimiento externo y la búsqueda de autoafirmación.

En cambio, con ayuda externa o gracias a su propia toma de consciencia, puede pasar a una etapa más madura, y ya no necesitará afirmarse frente al mundo; lo que va a buscar ahora es hacer lo que ama. Su acción ya no se orientará a hacer lo que la hace más importante a los ojos del otro, sino lo que la hace más feliz, lo que se corresponde con su esencia.

También es posible que alguien llegue en esta etapa a la consulta: ha tenido éxito, el mundo lo aprueba y lo considera, pero él no se siente satisfecho. Lo que ocurre, y él mismo no logra reconocer, es que está tratando de cambiar su nivel de *ser* y de *estar* en el mundo. La ayuda en este nivel es la que le permita tener el coraje de hacer lo que ama, aunque sea más impopular y menos brillante; pero al ser más auténtico le procurará la satisfacción interior que está necesitando. Este salto evolutivo se manifiesta en aquellas personas exitosas que hacen cambios rotundos en sus vidas, como un médico que deja la consulta y se dedica a cultivar la tierra, un ingeniero que deja la empresa y vive diseñando y construyendo muebles de madera, un empresario agrícola que se compromete en una acción política.

Cuando la persona ya está viviendo esta **auto expresión gozosa de su Ser** y pese a ello busca ayuda, es que algo está empujando desde su interior hacia un nuevo salto cualitativo.

Se puede dar el caso en que, en un proceso terapéutico, la persona pasa de sentirse completa y feliz de poder expresarse, a sentir nuevamente una carencia, una insatisfacción. ¿Cuál es la ayuda que ayuda en una situación así? Tomar consciencia de lo que está viviendo será siempre lo primero. Quizás descubra que su insatisfacción proviene de que sus logros están restringidos al reconocimiento social y al gusto de hacer lo que desea y ama, pero que todo ocurre en el plano personal, alrededor de sí mismo, y sienta que sigue "faltando algo". Es el caso de grandes magnates financieros o industriales, que en un determinado momento sienten la necesidad de apoyar la investigación científica, o la salvaguardia del planeta. O el caso del ama de casa que comienza a dedicar su tiempo a tareas solidarias. En otras palabras, se está anhelando **servir**. En ese caso la ayuda adecuada es la que posibilita la salida de la óptica de la ganancia personal y el pasaje a la del **bien común**.

Como todos los saltos de nivel, éste cuesta, da miedo, pues se teme perder lo obtenido. Pero si el camino ha sido transitado con consciencia, la persona se habrá fortalecido en las etapas precedentes, y podrá subir otro escalón en la evolución: el del descubrimiento, escucha y obediencia a su propia guía profunda o maestro interior

El Maestro interno

> *"Existe un Centro recóndito en todos nosotros,*
> *donde la verdad mora en su plenitud...*
> *Y conocer, más bien consiste en allanar el camino*
> *para que el aprisionado esplendor pueda escapar,*
> *que en dar entrada a la luz que se supone está afuera"*
>
> Maurice Nicoll[42]

---

[42] Maurice Nicoll, psiquiatra ingles, discípulo de Gurdjieff y Ouspensky, autor de Comentarios Psicológicos acerca de las Enseñanzas de Gurdjieff y Ouspensky.

La **intuición**, que es una función que va apareciendo cada vez más cuando la persona va evolucionando, nos guiará para aprender a ponernos bajo la ayuda, ya no de otras personas, sino de nuestro **Maestro Interno**. Intuimos de qué cosa es correcto depender, a quién dentro de nosotros es correcto escuchar, cuál es la voz a obedecer, y nos daremos cuenta de que esa voz es interior, que resuena adentro y que viene desde lejos, desde muy profundo o muy alto.

Cuando la persona logra escuchar esa voz interior, no tendrá necesidad de ayuda exterior como guía. Salvo para reconectarse si pierde la conexión con su maestro interno.

Encuentro con la Divinidad

En este proceso evolutivo que estamos describiendo, puede llegar un estadio que se describe como el encuentro con La Divinidad. Ciertas personas perciben lo Divino como un principio cósmico, energético, que se encuentra al mismo tiempo dentro y fuera de uno. Otras, como un ser: Dios. Para estos últimos, Dios es una realidad tan viva como un padre, una esposa, un niño. Pueden sentir una llamada interior hacia Él, y entienden que dicha llamada, en el fondo, viene de Él. Se ha dicho que quien encuentra a Dios lo hace dentro del propio corazón, como el núcleo del propio Ser. Si bien este tema excede el alcance de este texto sobre la ayuda, no queríamos dejar de mencionar este posible estadio. La ayuda que un ser humano puede dar a otro en esta búsqueda, se encuentra en el reino de lo puramente ético y sutil: será alguien que ya haya transitado por ese sendero y que pueda acompañar a otro como un hermano mayor.

Recapitulando

Digamos que la ayuda es un proceso de acompañar a la persona mientras ésta va recorriendo su camino, y en este recorrido, la manera de estar a su lado va cambiando según el ayudado vaya transitando las diferentes etapas: **reconocer su potencia, afirmarse, expresarse con gozo en la vida, ponerse al servicio del Bien Común, aprender a dejarse guiar por su Ser Interior, y descubrir la Divinidad dentro de sí.**

Esto que parece un poco esquemático, debe ser leído como un proceso viviente, donde vamos y venimos muchas veces de un nivel a otro, donde conviven en nosotros distintos niveles y exigencias; y a veces sentiremos que hemos caído en un pozo y necesitaremos que nos ayuden a salir, y otras veces perderemos la voz interior y necesitaremos ayuda para oírla nuevamente. Lo que es funcional y fundamental en todas las etapas del devenir de la existencia, es atravesarlas con consciencia. La ayuda que proponemos tiene siempre esta aspiración básica, la de la **expansión de la consciencia** y el acceder a un estado de presencia cada vez más estable, más pleno, más real.

Hemos terminado el libro ¡y no lo podemos creer!

La escritura del mismo ha sido una nueva aventura para nuestra relación, por momentos más divertida e intensa que nunca.

Luego de todo lo que hemos pasado al escribir estas páginas, es un gusto poder compartirlas como parte del proceso de ayuda recíproca vivido y que, por lo tanto, está íntimamente relacionado con el tema del libro.

Pocas páginas fueron escritas estando juntas en el mismo lugar; muy pronto nos separamos nuevamente, una en Argentina y la otra en Italia. Por lo tanto, toda la escritura del libro se produjo a una gran distancia física y utilizando el teléfono y la computadora como medios de comunicación.

Lo primero que descubrimos es que nos entendíamos fácilmente y compartíamos la visión del trabajo interior. Rápidamente acordamos los puntos que sería bueno tocar y apreciábamos cómo cada una los desarrollaba. Enseguida notamos que teníamos dos estilos en la redacción y dos maneras diferentes de acercarnos a los temas. Eso nos hacía sonreír y nos invitaba a poner mano para integrar las dos modalidades. Era sorprendente enviar un email con ciertos desarrollos y verlo volver "corregido y mejorado". Fue un largo periodo de luna de miel, de complementariedad enriquecedora.

Luego comenzaron a darse pequeñas luchas de poder, sin que nos diéramos cuenta al principio: parecía que sólo estábamos discutiendo los argumentos, pero pronto comprendimos que también entramos en un juego de afirmación personal. El haber podido reconocer lo que estaba sucediendo nos permitió, entre peleas y risas, llegar a un acuerdo, tácito y también explícito: queríamos seguir adelante con el libro; y para ello, renunciamos a tratar de tener razón. Esta renuncia fue un paso significativo porque nos posibilitó ir encontrando una síntesis integradora de nuestras diferentes visiones. Fuimos creando juntas –ya no "lo tuyo" y/o "lo mío"– sino algo nuevo que iba surgiendo. Quizás éste haya sido el aspecto más rico del escribir de a dos.

En fin, fue un arduo trabajo interior, entre ambas y para cada una, que nos permitió, como tantas otras veces en estos años compartidos, ir más allá de lo personal.

Nos hemos pasado meses conectadas "telepáticamente" respecto de los puntos a tratar, ideas y correcciones, y posibles soluciones para un impasse. También hemos pasado meses trabadas en algún capítulo, dándole vueltas y vueltas, acortándolo y alargándolo como a un acordeón.

Hemos estado días enteros trabajando simultáneamente y enviándonos 3 o 4 veces el mismo capítulo en el mismo día, a veces en la misma hora; iba y venía, enriqueciéndose y cambiando, tomando vida propia como un ser viviente. Cuando eso nos sucedía, pasábamos horas y horas en un "fervor creativo de a dos" que fluía y viajaba de aquí para allá, dando forma y trasformando el producto creado, a veces a toda velocidad, otras con más obstáculos. Cuando era verano para una e invierno para la otra, la una se quedaba en casa sin darse cuenta de ir a la playa y la otra olvidaba pacientes y cursos.

Hemos vivido momentos hilarantes al descubrir errores y aciertos. Y otros desmoralizantes y angustiantes cuando se nos encimaban correcciones, se nos perdían partes de capítulos o una de las dos se quedaba sin computadora por algún motivo. Surgió entre nosotras un código para decirnos que detectábamos algún problema: "horror". Cuando llegaban los emails de una parte o de la otra con la palabra "horror", se nos ponían los pelos de punta sabiendo que era algo "terrible". Dedicarnos a resolver los "horrores" fue una de las tareas más laboriosas de este proceso.

En este recorrido lo más natural fue el acuerdo en cómo veíamos la ayuda; lo más excitante, los tantos festejos eufóricos como feedback: "genial", "me encantó", etc. Y lo más trabajoso, el estructurar los temas en un todo coherente, integrando las diferentes miradas y estilos. ¡Esperamos que el lector disfrute de lo primero y no sufra las consecuencias de lo segundo!

Detrás de estos procesos más o menos intensos, lo que nos ha alimentado en estos tiempos de inquietud creativa, de elaboración profunda de nuestro trabajo de tantos años y frente al deseo de darle una forma comprensible, ha sido nuevamente el amor entre nosotras y...el amor a la Vida misma. Y a que de estos amores que son uno solo, pudiera surgir algo útil, que pueda acompañar al lector en su elaboración y en su ampliación de la consciencia.

También comprobamos en carne propia y en este proceso de la escritura, todo lo que postulamos en este libro: que al ayudar nos ayudamos a nosotros mismos y a la inversa; que dar es recibir, que la ayuda es mutua, que la verdadera ayuda es colaborar en hacernos cada vez más completos, más libres y creativos, que al dar nos enriquecemos. Y lo más importante: la gratitud. Sentimos una conmovedora gratitud por todos los que nos guiaron en el camino, por todos los que nos acompañaron y nos acompañan, y, como decíamos en el prólogo, por todos los amores y dolores que nos han traído hasta aquí. Y agradecemos nuestra amistad, y nos agradecemos mutuamente por esta posibilidad que seguimos alimentando.

En este momento, con el libro terminado sentimos una gran alegría. La alegría del trabajo cumplido, de su efecto en nosotras, y la esperanza de que sea útil para otros. Al mismo tiempo se nos crea un vacío. El "lleno" había sido el libro como un punto de referencia para nuestra experiencia de vida concreta y ordinaria; un espacio que estuvo colmado de *insights* y propuestas que se relacionaban con él, vivencias cotidianas con pacientes y alumnos que nos inspiraban para seguir agregando comprensiones. Y ahora el vacío. Quizás sea así para todos los escritores; siendo éste nuestro primer libro, no la conocíamos como experiencia. Ha valido la pena vivirla y con amor la ofrecemos.

CLAUDIA Y FELISA

Bibliografía

Adler, Oscar: "La Astrología como Ciencia Oculta", Ed. Kier

Anglada, Vicente Beltran "Conversaciones esotéricas" Ed. Kier. (Argentina)

Aurobindo, Sri "Guida allo Yoga" *Edizioni Mediterranee.* (Italia)

Bailey, Alice: "Tratado de los Siete Rayos", ed. Kier

Balsekar, Ramesh "El buscador es lo buscado", Ed. Gaia. (España)

Benner, Joseph "La vida impersonal", Ed. Kier. (Argentina)

Berg, Philip S.: "Kabbalah for the layman", the Press of the Research Centre of Kabbalah". (Israel)

Blavatsky, Mme. "La clave de la Teosofía" Ed. Kier. Buenos Aires

Blay, Antonio "Creatividad y plenitud de vida" (1978) Ed. Iberia, Barcelona

— "Hatha Yoga" Ed. Cedel. José O. Avila Montesó España

— "Caminos de autorrealización", Ed. Cedel, Barcelona 1973

Brandon, David "El Zen en el arte de la ayuda", Ed. Dédalo. (España)

Buber, Martín "Cuentos Jasídicos", Ed. Paidós 1980, Buenos Aires

— "Yo y Tú" Ed.

De Mello, Anthony "El canto del pájaro" Ed. Sal Terrae, España

Dethlefsen, T. y Dahlke, R. "La Enfermedad como Camino", Ed. Plaza y Yanes, España

El Bhagavad Gita, 1984 "Tal Como Es", Ed. The Bhaktivedanta book trust.

El Kybalion, Edaf 1983

Frankel, Victor "El hombre en busca de sentido" Ed. Herder. (España)

Freud, Sigmund "Obras completas" Ed.

Gurdieff, George I. (1995) "La vida es real sólo cuando yo soy", Ed. Sirio, Málaga

— "Perspectivas desde el mundo real" (1977) Ed. Hachette

Hellinger, Bert; Ten Hövel, Gabrielle "Reconocer lo que es", Herder

Hellinger, Bert (2008) "Los órdenes de la ayuda" Ed. Alma Lepik

— "Los Ordenes del Amor"

Herder, John "El tao de los líderes" Ed. Nuevo Extremo.

I Ching, "El libro de las mutaciones", Ed Hermes

Jung, C.G: Arquetipos e Inconsciente Colectivo

Klein, Jean 2006 "Be who you are" Ed. Non Duality Press.

— La mirada Inocente

— La sencillez del Ser

KRISHNAMURTI, Jiddu 1992 "A los pies del maestro", Ed. Kier,

— 2003 "Verdad y realidad", Ed. Kairos.

LEADBEATER, C.W. "A los que lloran la muerte de un ser querido" Ed. Sirio

MASLOW, Abraham "El hombre autorrealizado"

— 1978 "Hacia una psicología del ser" Ed. Kairos 1978

NARANJO, Claudio "Carácter y Neurosis" Ed.La llave, España.

NICOLL, Maurice "Comentarios psicológicos sobre las enseñanzas de Gurdjieff y Ouspensky, Ed. Kier

— 1975 "El nuevo hombre" Ed. YUG Méjico

NISARGADATTA, Sri Maharaj 1987 "Ser", Ed. Sirio

— 1987 "Yo soy" Ed. Sirio

— 2006 "I am that" Ed. Sudhakar S. Dikshit

OUSPENSKY, P. "El cuarto camino"

— 1974 "Fragmentos de una enseñanza desconocida" Ed. Hachete

— "Psicología de una posible evolución del hombre" Ed. Hachete

PARMÉNIDES; HERÁCLITO 1983 "Fragmentos", Ed. Orbis

RAMACHARAKA, Yogi "Cristianismo místico" Ed. Kier

ROSSI, Vincenzo 2006 "La vida en Movimiento" Ed. Kier

RIMPOCHE, Sogyal "El futuro del budismo" Ed. Urano

— 2006 "El libro tibetano de la vida y de la muerte" Ed. Urano

Shah, Idries 1967 "Cuentos de los derviches" Ed. Paidos

Sheldrake, Rupert, "Una nueva ciencia de la vida", Ed. Kairos

Sheldrake, Rupert y Fox, Mathew: "Ciencia y Espiritualidad"

Sufismo en Occidente, Ed. Dervish internacional

Talleres del Pirovano, 2007 Ed. talleres gráficos Del, Buenos Aires.

Vivekananda, Swami "KarmaYoga" Ed. Kier

Wilber, Ken "Lo spettro della coscienza" Ed. Crisalide. Italia

Zohar, 1999 "Libro del Esplendor", Ed.Azul, España.

Índice